DEDICATORIA

Gracias Señor, por Tu paciencia y amor por mí y por mi esposa. Te mereces toda la gloria y el honor para siempre. ¡En el precioso nombre de Tu Hijo, amén!

ESPOSO EN BUSCA DE DIOS

Acercándote más a Dios y a tu esposa

Aaron & Jennifer Smith

UN RECURSO DE HUSBAND REVOLUTION

ESPOSO EN BUSCA DE DIOS

ACERCÁNDOTE MÁS A DIOS Y A TU ESPOSA

CONTENIDO

INTRODUCCIÓN

Estás aquí porque Dios te buscó. Eres un hombre a quien Dios encuentra increíblemente valioso. Dios ha reservado una oportunidad muy especial para que los esposos y esposas experimenten una relación íntima entre sí, ¡lo cual refleja la intimidad que Dios desea tener con toda la humanidad! Tu papel como esposo es extraordinario en cuanto se te ha pedido que ames y cuides a tu esposa así como Cristo ama a la iglesia. Amar a tu esposa de cualquier otra forma no es una opción.

Desafortunadamente, vives en un mundo caído: tu cultura, ambiente y árbol genealógico han influido en quién eres hoy, y no todas las cosas que has aprendido a lo largo del camino son benéficas. Probablemente puedas pensar ahora en algunas de las cosas en las que sabes que necesitas trabajar. Cuanto más te humilles delante de Dios y le pidas que te transforme, mejor serás en el cumplimiento de tu propósito como esposo, lo que a su vez conduce a la realización de un matrimonio sano, alegre y centrado en Dios. Por supuesto, alcanzar el objetivo de un matrimonio sano, alegre y centrado en Dios también requerirá que tu esposa emprenda acciones si no lo ha hecho ya. Tu esposa puede estar delante de ti en este aspecto, puede estar justo a tu lado, puede estar diez pasos detrás de ti, o tal vez en un camino completamente diferente. Dondequiera que tu esposa esté en términos espirituales, necesitas confiarle su corazón a Dios y seguir orando por ella, pase lo que pase. Tu esposa necesita que hagas lo mismo que tú quieres de ella: animarla, darle ejemplo, tener fe y buscarla apasionadamente.

Como cristiano y como esposo, existe una responsabilidad para nutrir tanto tu relación con Dios como con tu esposa. El fracaso en buscar apasionadamente estas relaciones resultará en el aislamiento. Puedes conocer demasiado bien ese sentimiento, pero puedes levantarte otra vez y luchar por lo que Dios te ha dado. Para ello, debes apropiarte de tus responsabilidades y comprometerte a trabajar por el crecimiento y la unidad.

Este devocionario está diseñado para guiarte a través de un viaje intenso de experimentar a Dios, específicamente adaptado a tu primer y más importante papel ministerial: ¡ser un esposo! Las siguientes son algunas escrituras que respaldan el propósito de este devocionario:

Por favor lee:
Santiago 4.8; Hebreos 10.22; Colosenses 2.2; 3

Estas escrituras son fundamentales para el propósito de este devocionario. Dios te ha llamado para acercarte a Él, para conocer el mensaje de Cristo, y para ser alentado. Estas cosas ocurren cuando meditas en Su Palabra.

Este devocionario tiene 30 capítulos. Por lo tanto, para los próximos 30 días te estarás comprometiendo a lo siguiente:

- **Pasar tiempo de calidad con Dios diariamente leyendo la Palabra de Dios, orando y llevando un diario.**
- **Involucrarte y participar activamente en todas las actividades de cada capítulo.**

Tal vez puedas estar familiarizado o no con pasar tiempo con Dios todos los días. Ya sea que tengas experiencia con esto o no, los siguientes son algunos consejos breves sobre cómo puedes pasar tiempo de calidad con Dios:

Necesitarás una biblia.

Está escrito en Hebreos 4.12 que la Palabra de Dios es viva y eficaz. Así como sostienes una conversación con un amigo cercano, Dios conversará contigo a través de Su Palabra. Siéntete libre de explorar diferentes versiones y traducciones mientras lees las Escrituras. Reflexionar sobre las diferentes traducciones puede ofrecerte una mayor comprensión.

Se te pedirá llevar un diario.

Escribir es una de las formas más completas de aprender porque te obliga a ralentizar tu proceso de pensamiento y permite a tu mano la oportunidad de traducir tu pensamiento. También es muy beneficioso porque tendrás la oportunidad de remitirte de nuevo a cualquier entrada consignada y ver el crecimiento de tu relación con Dios, así como a cualquier oración respondida o sin respuesta que puedas haber escrito. Este devocionario cuenta con un espacio para que lleves un diario en cada capítulo, pero también puedes utilizar tu propio diario si lo deseas.

Este es un extracto de una entrada del diario para que utilices como una pauta; sin embargo, tienes libertad para personalizar tus entradas:

EJEMPLO DE ENTRADA EN EL DIARIO

(Fecha) 11-24-10

(Lo que Dios te está enseñando) Debo dejar de preocuparme y brindar todos mis cuidados a Dios. Debo orar todos los días. Debo apoyarme en el entendimiento de Dios y no en el mío.

(Respuesta a las preguntas del devocionario) Mi preocupación proviene de temores o inseguridades que no me bastarán para salir adelante.

(Oración) Dios, por favor ayúdame a no preocuparme por mis hijos ni por mi trabajo. Por favor, dame confianza en los planes que tienes para mí. Te pido que bendigas a mi esposa y le des paciencia hoy. Hágase tu voluntad en mi vida. ¡Amén!

Cuando pasas tiempo de calidad con Dios, el crecimiento en tu relación con Él es inevitable. La cantidad de tiempo que pasas con Dios y la extensión de tu entrada en el diario dependen completamente de ti;

simplemente asegúrate de orar, de leer las Escrituras y de registrar lo que experimentas en tu diario. Recuerda, Dios quiere saber de ti, y quiere que escuches; el equilibrio entre ambas cosas resultará en una gran comunicación; es la clave para cualquier relación próspera.

La consistencia es muy crucial, tanto en tu tiempo de calidad con Dios como en tu participación en los desafíos. La consistencia refleja compromiso y autodisciplina. Algunos desafíos serán más difíciles que otros; sin embargo, el resultado es una relación más fuerte con Dios y con tu esposa. Debes entender que este devocionario solo es tan eficaz como estés dispuesto a comprometerte, y la devoción que ejerzas, especialmente en tu relación con Dios, se desbordará en tu relación con tu esposa.

Adicionalmente, cada capítulo contiene un Actualización de Estado del Desafío. Esta es una manera increíble de compartir tu viaje a través del Devocionario con la Comunidad de la Revolución del Esposo y hacer que otros esposos se entusiasmen con su participación. Todo lo que necesitas hacer es copiar el estado de la actualización y enviarla a través de tu plataforma de medios sociales preferida, asegurándote de etiquetar @ husbandrevolution y #HusbandAfterGod.

¡Al comprometerte con estos estándares, permitirás que Dios transforme tu vida, tu matrimonio y a muchísimos otros en quienes incidirás positivamente luego de vivir como ejemplo de un Esposo en Busca de Dios!

Querido Señor,

Gracias por el esposo que lee esto ahora mismo. Dios, te ruego que comiences a preparar el corazón de este hombre para el viaje al que lo vas a llevar. Dios, usa este devocionario para acercarlo a Tu corazón, y utilízalo para enseñarle a amar mejor a su esposa.

¡En el nombre de Jesús, AMÉN!

UNA NOTA ESPECIAL DEL AUTOR

Estoy emocionado de que repases este material y te insto a invitar a otros esposos a tomar un devocionario y repasarlo. Podrías organizar una reunión en un café o ir a desayunar para discutir juntos este material; pueden hacerse mutuamente responsables por los compromisos que hagan, ¡y aprender cómo impactan sus matrimonios! He descubierto que la comunidad es vital. Incítense el uno al otro a la rectitud.

Aaron Smith

EL PROPÓSITO DE DIOS PARA TU MATRIMONIO

Génesis 1.26; Génesis 2.7; Marcos 10.6-9; Efesios 5.25-33

Dios, el Creador del universo, hizo al hombre a Su imagen. Él te hizo a Su semejanza. Cuando te formó, Él te dio vida, soplando Su aire en tus pulmones. A diferencia de lo que el mundo quisiera que creyeras, tu existencia no es una mera casualidad.

Fuiste creado con intencionalidad y naciste con un propósito. Dios te ha concebido a Su imagen; esto significa que eres una imagen de Él. Eres prueba viviente de que Dios es real. No tomes esta comprensión a la ligera, no la hagas a un lado. Permite que esta verdad se incruste en tu mente y en tu corazón. Saca un momento para contemplar el hecho de que fuiste creado con el propósito de reflejar al Creador y para el propósito de glorificarlo.

Desde el principio de la creación, Dios dotó intencionalmente al hombre con autoridad para gobernar. Con esa autoridad viene una gran responsabilidad. El ejercicio de la autoridad y el cumplimiento de la responsabilidad requieren inteligencia; otro rasgo distintivo del increíble designio de Dios, que distingue a la humanidad de toda la creación. Eres inteligente. Puedes comprender, discernir, contemplar, cuestionar, razonar e inventar. Tu mente, tu intelecto, es un don poderoso que Dios te ha dado para que seas más como Él.

Del mismo modo que Dios te creó con el propósito de que lo reflejaras a Él, también creó el matrimonio con un propósito muy específico. Dios nos dio el pacto del matrimonio como un símbolo impresionante de la relación que Él desea tener con la humanidad. Él te ha dado una oportunidad como ninguna otra de experimentar un amor profundo, el tipo de amor que Jesús tiene por la iglesia. La unión entre tú y tu esposa tiene el propósito de reflejar el Evangelio para que el mundo pueda conocer a Jesús.

Así como Jesús demostró un amor desinteresado y sacrificado, tú puedes imitar ese mismo amor hacia tu esposa, y ella puede hacer lo mismo por ti. El matrimonio es una oportunidad para llevar gloria a Dios al compartir con el mundo Su testimonio amando a tu esposa de la misma manera en que Cristo ama a la Iglesia. El propósito de Dios para tu matrimonio es permitir que tú y tu esposa sean una representación viva del amor de Cristo.

A medida que comprendes el peso de este propósito, debería comenzar a invocar en ti una pregunta muy importante que deberías ser capaz de responder.

«¿Refleja mi matrimonio el Evangelio?».

Querido Señor,

Gracias por crearme con propósito e intencionalidad. Gracias por confiarme Tu imagen y semejanza. Enséñame a reflejar más Tu carácter en mi vida y en mi matrimonio. Ayúdame a amar a mi esposa de la manera en que amas a la iglesia. Por favor, moldea mi carácter para producir fruto y cosas buenas. Muéstrame cómo vivir Tu propósito para mi vida. Por favor, ayúdame a tener confianza en mi propósito, nunca dudando, nunca siendo lanzado de un lado para el otro. Ruego que mi matrimonio sea una bendición para mi esposa y para otros. Pido que mi matrimonio refleje Tu amor y testimonio, Tu ministerio de reconciliación.

¡En el nombre de Jesús, AMÉN!

Comparte y discute con tu esposa lo que estás aprendiendo sobre el propósito del matrimonio.

 @husbandrevolution ¡Me esforzaré por reflejar la imagen y el carácter de Dios en mi matrimonio! #HusbandAfterGod

¿Por qué es importante conocer el propósito de Dios para tu matrimonio?

¿Cuáles son algunas características de Dios?

¿De qué manera tiene el hecho de saber que tu matrimonio tiene un propósito importante cambia la forma en que ves tu vida/matrimonio?

¿Qué es aquello que harás diferente en tu matrimonio al saber que eres la imagen del amor de Dios por el mundo?

MATRIMONIO POR DESIGNIO

Romanos 1.20; Efesios 5.21-33;
1 Juan 4.19; Colosenses 3.13

Al principio, Dios creó la Tierra tal como la conocemos. Creó el día y la noche, creó la tierra firme, nombró los mares e hizo toda las plantas, Él creó el sol, la luna y las estrellas, Él creó seres vivientes... y luego Dios creó al hombre. Todo lo que Él creó fue por ti, para que supieras sin la menor duda que Él es quien dice que es. También te creó para que adquirieras una mayor comprensión acerca de quién eres.

Dios hizo esto para que nadie tuviera excusas para no conocerlo.

Cuando miras el cielo y las estrellas, ves el tamaño infinito de Dios. Cuando miras las montañas y los árboles, ves la paciencia perfecta y la fuerza increíble de Dios. Cuando miras la inmensidad de los mares, vislumbras Sus profundidades inescrutables y el peso abrumador de Su gloria. Cuando ves las aves que vuelan a través del cielo, ves Su gracia y provisión. Cuando ves tu aliento en una noche fría, estás viendo el mismo aliento que Dios insufló en tus pulmones cuando Él te dio la vida.

Al igual que con el resto de la creación, Dios concibió el matrimonio con un propósito similar, para enseñarnos acerca de Él y de Su amor por nosotros.

Dios esboza claramente Su designio para el matrimonio en Su Palabra, ordenando que las esposas respeten y se sometan a sus propios esposos, y que estos deben amar a sus esposas, así como Cristo ama a la iglesia.

Debes amar a tu esposa con un amor incondicional semejante al de Cristo y tu motivación para amar incondicionalmente a tu esposa debe provenir directamente de una relación íntima con Dios. Solo Dios puede darte la fuerza necesaria para amarla de esta manera. Tú amas porque Él te amó primero. Tú perdonas porque Él te ha perdonado. Tu amor es motivado por el Suyo.

Puede haber momentos en los que tu esposa haga o diga algo que provoque frustración en tu corazón. Ella puede faltarte al respeto, ser insumisa o puede rechazar tu invitación para tener intimidad. Amarla incondicionalmente significa que cumplirás con esta parte del designio de Dios para ti como esposo, sin importar que tu esposa elija hacer estas cosas. Siempre serás responsable por las decisiones que tomes. Elige ser honrado, justo y cariñoso sin condiciones.

Tu obediencia a Dios nunca debe ser contingente con las acciones de tu esposa. Eres responsable de tu parte del pacto que suscribiste.

A estas alturas, tal vez veas esta imagen profunda del designio y el propósito de Dios para el matrimonio, para tu matrimonio. Este no es simplemente una relación entre tú y tu esposa, sino que pretende ser una imagen divina del plan de redención de Dios para la humanidad.

Has recibido el don de aprender lo que significa ser como Cristo de la manera más literal posible al amar a tu esposa. Con esta nueva comprensión del designio del matrimonio, ya no tienes ninguna excusa para no conocer a Dios o entender Su plan para tu vida. Tu nuevo objetivo debe ser buscar diariamente un matrimonio que se parezca cada vez más a Cristo y a la iglesia.

Querido Señor,

Gracias por mostrarme quién eres a través de Tu creación. Pido ser más consciente de la naturaleza y de todo lo que has hecho. Abre mis ojos a la maravilla de Tu designio. Dame una pasión para comprender la ciencia de Tu designio. Oro para no sacar excusas nunca sobre por qué no paso tiempo contigo. Ayúdame a que sea una prioridad tener un tiempo de calidad contigo a diario. Gracias por permitirme la oportunidad de aprender a ser como Tú en mi manera de amar a mi esposa. Ayúdame a amarla mejor, a amarla como Tú me amas. Recuérdame diariamente Tu designio y propósito para mi vida. Utilízame para dirigir y servir a mi esposa. Ruego que la animes a ser más como Tú, por la forma en que la amo. Haz que mi matrimonio le muestre al mundo quién eres Tú.

¡En el nombre de Jesús, AMÉN!

Invita a tu esposa a dar un paseo contigo en la naturaleza para ver de cerca el designio increíble de Dios.

ACTUALIZACIÓN DE ESTADO: @husbandrevolution Busca diariamente un matrimonio que se parezca cada vez más a Cristo y a la iglesia. #HusbandAfterGod

PREGUNTAS DEL DIARIO:
¿Cómo cambia tu perspectiva del matrimonio ahora que sabes que fue concebido para un propósito?

¿Qué es lo que te dificulta amar a tu esposa como a Cristo?

¿Cuáles son algunas maneras de mostrarle un amor incondicional a tu esposa?

PREDICA CON EL EJEMPLO

Mateo 20.28; Juan 13.1-17;
Efesios 5.1; Efesios 5.25-30

La habitación estaba iluminada por la luz de las velas. Jesús y sus amigos íntimos se reclinaron alrededor de la mesa. El aroma del pan y del vino caliente llenaba la habitación con un sentido de celebración, pero no de la manera en que los otros hombres esperaban.

Jesús estaba a punto de ir a la cruz, estaba a punto de sufrir horriblemente y, sin embargo, Su deseo era pasar esos últimos momentos en la Tierra con Sus amigos.

Motivado por el amor, Jesús se quitó su túnica y ató una toalla alrededor de su cintura, luego llenó un recipiente con agua y comenzó a recorrer la mesa tomando cada uno de los pies de sus discípulos, uno por uno. Lavó la suciedad de los dedos de sus pies, sus tobillos y talones. El Creador del universo se arrodilló humildemente ante los hombres pecadores.

En este momento, Jesús dio un ejemplo impresionante de fuerte liderazgo al convertirse en el siervo de aquellos confiados a Él. Después que terminó de lavar sus pies, les dijo:

«Ahora que yo, Tu Señor y Maestro, he lavado sus pies, ustedes también deben lavar los pies unos a otros».

Te han confiado el corazón de tu esposa, y Cristo te ha pedido que la guíes de la manera en que Él lidera Su iglesia. Jesús no se puso por encima de Sus discípulos, ni tampoco debes ponerte a ti mismo y a tus necesidades por encima de tu esposa. El ejemplo poderoso que Jesús te dio a través de Su acción de lavar los pies de los discípulos es un ejemplo de que Jesús se tiende en el suelo por el bienestar de Sus discípulos. Del mismo modo, debes someter tu corazón en humildad y servir fielmente a tu esposa. Estás llamado a guiar a tu esposa al igual que Jesús. «Lavar sus pies» significa preocuparte por su estado emocional, mental y espiritual; significa ayudarla en los momentos de debilidad, significa llevar sus cargas, para que ella sepa que no está sola, y significa estar ahí para ella cuando la vida se complique mientras caminas por la vida al lado de ella.

El matrimonio es una oportunidad para atravesar las ciénagas con tu esposa, un viaje que requiere un contacto cercano. Servir a tu esposa se hace compartiendo palabras intencionales y el tacto intencional, lo que cultivan una intimidad increíble.

Cumplir con tu llamado para guiarla arraigará profundamente la confianza, la esperanza, la certeza y la seguridad en su corazón, y finalmente la conducirá más cerca de Dios. No solo eres capaz de amar y de guiar a tu esposa de esta manera; Dios requiere que lo hagas, cada día de tu vida.

Así como Cristo tomó la iniciativa de servir a Sus discípulos durante la cena esa noche y, al hacerlo, dar un ejemplo de cómo deben servirse unos a otros, así también estarás dando un ejemplo a tu esposa cuando la sirvas primero.

Independientemente de que ella sea la que inicia la intimidad física, ir a la iglesia, participar en la comunión cristiana, buscar consejos de Dios, leer la Biblia, perdonar, ser paciente o incluso el ser respetuoso, debes estar dispuesto a hacer estas cosas antes que ella. Abraza la responsabilidad de guiar a tu esposa. Sigue el ejemplo de Cristo y sé un ejemplo para ella. Ser obediente a la Palabra de Dios es un verdadero liderazgo espiritual.

Querido Señor,

Gracias por darme un ejemplo perfecto de lo que significa ser un siervo y amar como Tú amas. Gracias por darme una oportunidad en mi matrimonio para ser obediente a Tus palabras. Señor, dame un corazón de servidor para mi esposa. Dame manos fuertes para sostenerla y manos suaves para atender sus necesidades. Sé que es hora de levantarme y de guiar espiritualmente a mi familia con palabras y acciones. Ayúdame a hacer esto transformando mi mente y mi corazón, dejando de ser egoísta y siendo desinteresado. Pido que mi esposa vea la diferencia en mí cuando yo empiece a dar ejemplo en mi casa. Cuando mi esposa no me trate como quiero ser tratado, oro para que Tú me des fuerzas para continuar sirviéndole a ella sin esperar recibir de vuelta.

¡En el nombre de Jesús, AMÉN!

Planea una cita nocturna en casa con comida y bebidas, y prepara lo que necesites para lavar los pies de tu esposa. Léele Juan 13.1-17 y comparte con ella lo que Dios te está enseñando y luego lava sus pies. Termina la noche orando.

ACTUALIZACIÓN DE ESTADO: @husbandrevolution Abrazaré la responsabilidad de guiar a mi esposa y a mi familia, así como Jesús dirige la iglesia. #HusbandAfterGod

PREGUNTAS DEL DIARIO:

¿Qué crees que pasó por las mentes de los discípulos mientras Jesús lavaba sus pies?

Escribe algunas cosas que puedes prever que ocurrían si comenzaras a guiar a tu familia al igual que Cristo.

Enumera otras maneras en que puedes servir a tu esposa en tu vida cotidiana.

TU ESPOSA ES UN REGALO

Proverbios 18.22; Mateo 7.11; Santiago 1.17

La perspectiva es poderosa. La manera en que percibas a tu esposa afectará inevitablemente la manera en que la amas. ¿La ves como tu amante, tu amiga, tu enemiga, como un inconveniente o tal vez incluso como un error? Con el tiempo, tus experiencias y circunstancias a lo largo de tu matrimonio comenzarán a moldear la perspectiva que tienes de tu esposa. La clave es permitir que Dios sea el que moldee tu perspectiva. Podrías permitir que todas las dificultades y angustias, las expectativas insatisfechas, el pecado y todo lo demás que hay en el medio te hagan ver a tu esposa con ojos cansados, o puedes permitir que Dios transforme tu forma de ver para que puedas tener una perspectiva piadosa de ella y verla continuamente como el regalo que ella es. Ya sea que puedas verlo o no, tu esposa es un regalo que Dios usará para bendecirte y refinarte.

¿Alguna vez has mirado a tu esposa como un regalo, especialmente uno de Dios? Los regalos siempre están destinados a ser cosas buenas, y Dios, Tu Padre celestial, da los mejores regalos, y tu esposa es uno de ellos.

Puedes tener una perspectiva que necesita una revisión drástica. Es hora de recibir a tu esposa como el regalo que es. Tienes que sacar tiempo para desempacar tu regalo y llegar a conocerla bien. A medida que te familiarices con tu regalo, comenzarás a ver su valor, y aprenderás a amarla de la manera en que Dios desea.

No dejes pasar un día sin agradecer a Dios por ella; al hacer esto, tu perspectiva comenzará a cambiar hacia el lugar correcto.

Dios no quiere que te sientas decepcionado al abrir tu regalo; al contrario, Él desea que descubras todas las complejidades, belleza y profundidad de tu regalo mientras lo desenvuelves diariamente. Así que si el descontento sobre el matrimonio se aloja en tu corazón, ¡debes enfrentarlo! Debes recordarte a ti mismo que el matrimonio es un regalo incomparable.

No olvides tan fácilmente que Dios te conoce mejor de lo que tú te conoces a ti mismo. Cuando comprendas esta verdad, terminarás viendo a tu esposa como el regalo que es. Un cumplido, una compañera, una contraparte. Ella es tuya, y tú eres de ella. Recibe humildemente tu regalo de Dios, y confía en Su voluntad para tu vida.

Una vez que comiences a ver a tu esposa como el regalo que es y cuando empieces a caminar en esta verdad, estarás entonces en un lugar donde el Señor puede utilizar tu matrimonio de formas poderosas. Tu matrimonio es un ministerio, donde tú y tu esposa tienen la oportunidad de unirse y bendecir a otros orando por ellos, mostrando compasión, mostrando hospitalidad y reflejando el amor de Cristo a medida que reflejas Su imagen. Sé un regalo para los demás en este mundo. Porque es en el corazón que la generosidad y el agradecimiento alejan el descontento.

La forma en que vives tu vida y las decisiones que tomes pueden tener un impacto profundo en los demás, un impacto que ayuda a las personas a dirigir sus corazones a Dios con una perspectiva positiva.

Querido Señor,

Gracias por Tu bondad. Gracias porque Tu verdadero carácter no está basado en mi perspectiva de Ti. Eres el mismo ayer, hoy y siempre. Das buenos regalos. Gracias por mi regalo. Lamento no haber visto a mi esposa como el regalo que es. Perdóname por no ver mi matrimonio como un regalo. Ahora sé que Tú me has dado mi esposa y mi matrimonio para llevarme más cerca de Ti y para darme una oportunidad de crecer y cambiar. Señor, Tú me amas tanto, y siempre das buenos regalos. Mi esposa es un buen regalo. Mi matrimonio es un buen regalo. Incluso en los tiempos difíciles me ayudan a ver lo que este regalo puede darme. Señor, también oro para que mi matrimonio sea un regalo para este mundo. Utiliza mi matrimonio para bendecir a otros y difundir el Evangelio. Utilízanos Señor.

¡En el nombre de Jesús, AMÉN!

Sé deliberado hoy y ve a tu esposa como un regalo. Trátala como el mejor regalo que has recibido y agradece a Dios por ella. Si luchas con tu perspectiva de Dios o de tu esposa, saca un momento para orar.

ACTUALIZACIÓN DE ESTADO: @ husbandrevolution Mi esposa es un regalo de Dios, y le agradeceré diariamente por ella. #HusbandAfterGod

PREGUNTAS DEL DIARIO:

¿Cómo veías a tu esposa cuando te casaste con ella?

¿Cómo afecta tu actitud hacia tu esposa la manera en que percibes el regalo de Dios?

¿Qué tipo de cosas experimentaría tu esposa si la trataras como el regalo que es?

AMOR SACRIFICADO

Hebreos 10.14; 1 Timoteo 2.6; Juan 14.6; Lucas 9.23; Juan 14.23; 2 Corintios 5.17; 1 Juan 4.16

Traicionado por un amigo cercano. Acusado de actos indebidos. Condenado a muerte. Su cuerpo golpeado, Su carácter burlado, Su Espíritu aplastado. Una aflicción intensa y laceraciones abiertas, dejándolo irreconocible. A pesar de la agonía que estaba sufriendo, Él siguió caminando por Sí Mismo a Su muerte. La angustia se apoderó de Su corazón, pero Él perseveró. La sangre brotó de Sus heridas, y, sin embargo, Él perseveró. No había un plan de rescate. Este hombre sabía lo que vendría. Sin embargo, siguió caminando hacia el lugar donde exhalaría Su último aliento. Su motivación eras tú.

Jesucristo fue sacrificado por ti y por toda la humanidad. Soportó el tratamiento duro y la muerte en la cruz, proporcionando al mundo una forma de redención del pecado, y Su sacrificio sigue siendo la única manera de reconciliarnos con Dios. Él anduvo humildemente por ese camino, sin importar si alguien lo aceptaba como Señor y Salvador. No lo hizo porque te lo merezcas o porque te lo hubieras ganado. Solo hay una manera en que Él podía haber soportado esa inmensa cantidad de dolor: por el amor verdadero, incondicional y sacrificado. El poder de ese tipo de amor transforma a aquellos que creen en Él, acercándolos a Dios. Cuanto más cerca estás de Dios, tu carácter se transforma más para ser como el Suyo. Al acercarte a Dios y pasar tiempo leyendo Su Palabra, tu vida cambia. Adquieres entendimiento y sabiduría en quién es Él y cómo opera. El Espíritu Santo te guía a través de un viaje de transformación. Dejas tus viejas costumbres y te conviertes en una nueva creación. Tu imagen comienza a reflejar la Suya.

El amor de Dios es transformador. Si permaneces en Dios, Su amor estará en ti. Con el Único Dios verdadero que vive en ti, tendrás el mismo poder con el que caminó Jesús al dirigirse a la cruz. Podrás amar a tu esposa con ese mismo amor sacrificado.

El poder de este amor sacrificado transformará tu matrimonio.

Tienes la oportunidad de expresar el amor sacrificado de Cristo hacia tu esposa, no porque ella lo merezca y no porque se lo gane, sino más bien por obediencia a Cristo y por tu amor por ella. A través del poder del Espíritu Santo, tu amor sacrificado e incondicional te permitirá y te motivará para soportar a través de cualquier lucha, asunto o circunstancia marital, así como Cristo soportó por ti.

Querido Señor,

No puedo imaginar lo que debe haber sido para Jesús pasar por lo que pasó en la cruz. Gracias por este sacrificio para que yo pueda tener la salvación perfecta y completa en Tu Hijo Jesús. Señor, pido tomar mi cruz cada día en mi matrimonio y amar a mi esposa con un amor sacrificado. Pido poner sus necesidades por encima de las mías. Ayúdame a amarla cuando ella no sea amable. Ayúdame a perdonarla cuando ella me haya hecho daño y lastimado. Ayúdanos a perdurar juntos, sin importar lo que podamos enfrentar. Señor, haz Tu voluntad en mi matrimonio.

¡En el nombre de Jesús, AMÉN!

Considera lo que significa amar a tu esposa con un amor sacrificado e incondicional. Haz una lista de cómo se ve eso en tu matrimonio. A continuación, utiliza esta lista como un recordatorio de cómo amar a tu esposa esta semana.

ACTUALIZACIÓN DE ESTADO: @husbandrevolution Tendré un amor sacrificado e incondicional por mi esposa debido a mi obediencia a Cristo. #HusbandAfterGod

PREGUNTAS DEL DIARIO:

¿Qué crees que quiere decir Jesús cuando nos dice que tomemos nuestra cruz y lo sigamos?

¿Cuáles son algunos ejemplos de amor sacrificado en tu matrimonio?

¿Dónde puedes encontrar la fuerza y la motivación para amar a tu esposa, especialmente cuando no se lo merece?

¿Qué cosas te tientan para negarle tu amor a tu esposa?

¿Qué cosas te tientan para negarle tu amor a tu esposa?

RECONCÍLIATE

Romanos 5.10; Romanos 5.18-19; 2 Corintios 5.17-20;
Isaías 55.6, 7; Hechos 8.22; Salmos 34.14;
Santiago 4.4; Colosenses 3.13; Mateo 5.24

Las acciones del hombre son trascendentales y serias. Por medio de una acción vino la condenación para todos debido a la opción de desobedecer a Dios y traer el pecado al mundo. A través de las acciones de otro hombre vino la libertad del pecado, la vida eterna y el ministerio de la reconciliación.

Adán y Eva pecaron en el Jardín del Edén, poniendo fin a su vínculo íntimo con Dios. Aunque Dios nunca los abandonó, ellos y toda la humanidad tenían ahora enemistad con Dios debido al pecado. Dios buscó reconciliar Su relación con el hombre a través de la muerte y resurrección de Su Hijo Jesucristo. El sacrificio de Cristo trajo rectitud a todos por el don de la gracia, permitiéndoles la oportunidad de tener una relación íntima con Dios y pasar la eternidad con Él.

Dios te ha dado el ministerio de la reconciliación y te ha confiado el mensaje de la reconciliación por medio de

Cristo. Eres un embajador de Cristo para llevar a otros las buenas nuevas de la gracia de Dios. Sin embargo, debes reconciliarte con Dios para poder entenderlo y compartirlo con otros. La reconciliación requiere una acción justa. Requiere que elijas intencionalmente creer y confesar a Cristo, arrepentirte de tu pecado y obedecer a Dios. Al hacer esto, tu vida reflejará la gracia que has recibido, convirtiéndote así en un ministro del Evangelio.

Como creyente a quien se le ha dado el mensaje de reconciliación con Dios, también debes ser bueno en la reconciliación terrenal, como, por ejemplo, entre tú y tu esposa. Esto requiere que extiendas la gracia de Dios a tu esposa, reflejando el amor de Cristo a pesar de la circunstancia o situación. Tu papel como esposo es una oportunidad continua para ejercitar y cumplir con tu llamado como embajador de Cristo. Cada acción que emprendas es trascendental y seria. Cada acción que emprendas afectará positiva o negativamente a tu esposa. La estarás señalando hacia Dios o alejándola de Él. La elección depende de ti.

El encargo para ti es caminar en humildad. Debes tener la audacia de arrepentirte de tus pecados y disculparte cuando sea necesario, y ofrecer libremente perdón a tu esposa, así como Dios te ha perdonado. Restablece la armonía, la paz y la unidad en tu matrimonio. Recuerda, Cristo no esperó una disculpa de nadie antes de entregarse humildemente para hacer lo que debía. No, Él actuó primero. Como esposo que se ha reconciliado con Dios por medio de Jesús, ahora tienes el poder de la reconciliación mientras buscas restaurar tu relación con tu esposa ante cualquier signo de discordia o pecado. Esto no es fácil de hacer. Tu orgullo te tentará a negar, tu intelecto tratará de justificar lo que es justo, tu corazón tratará de manipular tus motivos. Sin embargo, a través de la victoria que te ha dado Cristo, puedes elegir el hecho de negar tu carne por el bien de la reconciliación, por el bien de guiar a tu esposa en el Señor; esta es la marca de un marido piadoso.

Querido Señor,

Gracias por amarme tanto aunque haya pecado. Gracias por enviar a Tu Hijo para reconciliarme contigo. Si hay algo en mí de lo que deba arrepentirme, entonces me arrepiento. Abre mis ojos para ser consciente de mi pecado, de modo que pueda comprometerme a no hacer más esas cosas. Elimina cualquier cosa en mi vida que me esté impidiendo una relación más cercana contigo. Señor, ahora me has dado este ministerio de reconciliación, y quiero tomarme en serio este ministerio. Dame fuerzas para caminar y vivir este llamado. Ruego para buscar siempre reconciliarme con mi esposa, así como Tú lo hiciste conmigo. Quiero que mi matrimonio sea una luz de esperanza en este mundo agonizante. Señor, que seas glorificado en nuestro matrimonio.

¡En el nombre de Jesús, AMÉN!

Inicia la reconciliación pidiendo disculpas por un pecado y/o extendiendo el perdón a tu esposa, ya sea por una ofensa pasada o por el próximo desacuerdo o pecado.

ACTUALIZACIÓN DE ESTADO: @husbandrevolution Busca siempre la reconciliación en el matrimonio. #HusbandAfterGod

PREGUNTAS DEL DIARIO:
¿Cómo reconcilió Dios al mundo con Él?

Escribe tu propia definición de reconciliación.

¿Qué es lo que normalmente te impide enmendar tu relación con tu esposa después de una discusión u ofensa?

DIFERÉNCIATE

Hebreos 10.10-12; Isaías 55.8; Colosenses 2.6, 7;
Romanos 6.22; Juan 17.17; 2 Timoteo 2.21;
2 Corintios 5.17; Proverbios 17.3; 1 Pedro 1.7;
1 Corintios 6.11; Juan 16.33

Dios proveyó ingeniosamente muchas cosas aquí en la Tierra que muestran Su amor por nosotros y el poder de Su testimonio. Dios nos ama demasiado para dejarnos esclavizados por nuestro pecado. Por el contrario, Él nos ha dado gracia y victoria por medio de Su Hijo Jesucristo. Puedes sentirte un poco tosco. Puedes sentirte sucio o cubierto por tu pecado. Puedes estar familiarizado incluso con esconderte, y no con entender tu valor o propósito. Así como el oro encontrado en la tierra, tú te encuentras en las manos de Aquel que te hizo, Aquel que tiene la clave de la victoria.

¿Sabías que el oro pasa por un proceso de refinación? El oro bruto se separa de la roca y de la arena sin valor, se limpia y luego se refina por medio del fuego. El fuego se utiliza para calentar el oro a temperaturas extremas, las impurezas suben a la superficie y luego se eliminan, un proceso repetido hasta que el resultado es el oro puro.

En esta vida pasarás por el fuego; experimentarás dificultades y pruebas, y estas atraerán impurezas a la superficie de tu corazón. Enfrentarás cosas que causarán conflictos internos mientras aprendes a hacer a un lado tus viejas costumbres y te transformas para vivir los caminos de Dios.

Así como es necesario que un orfebre experto elimine las impurezas del oro, Dios te purifica y Su Espíritu Santo te santifica. A medida que el Espíritu Santo te guía a través de cada estación de desafío y cambio, serás más refinado, puro y santo.

La santificación significa que te diferenciarás. Cuando una persona acepta a Jesús como Señor y Salvador, se distingue del resto del mundo; se convierte en un cristiano que sigue a Cristo. En este sentido, la santificación ocurre cuando eres salvo en tanto que los pecados están cubiertos y el perdón es concedido por la gracia divina. La santificación también se define como un proceso de transformación. Como cristiano, has sido apartado para ser santificado.

Aunque eres salvo por la gracia, tienes hábitos y características de tu viejo ser que necesitan ser transformados y hechos de nuevo por Dios. Esto produce una pugna interna de pecado y santidad entre tu carne y tu espíritu. Aunque este conflicto puede ser difícil de experimentar, cuanto más confíes en los caminos de Dios y practiques la piedad, arrepintiéndote de tus pecados y eligiendo no practicar el pecado, tu carácter reflejará más el Suyo.

Eres un esposo que hizo votos a su esposa. Prometiendo no actuar más con egoísmo, ahora buscas guiarla, amarla y servirla. Tu boda fue un acontecimiento memorable donde entraste en un pacto con tu esposa, destacándote exclusivamente para ella. Y, sin embargo, el matrimonio es también un proceso de transformación, donde aprendes a adaptarte a partir de tus viejas formas de ser soltero, para pensar y vivir con otra persona.

Experimentarás dificultades, problemas y pruebas. También enfrentarás conflictos con tu cónyuge a medida que sus tendencias al pecado salgan a la superficie. El matrimonio es una herramienta muy poderosa que Dios usará para sacar las impurezas de tu carne a la superficie, pero tendrás que permitir que Dios las quite una vez que estas afloren.

Con el tiempo, este viaje en el que estás con tu esposa los hará crecer y madurar a ustedes dos. Los cambios que experimentarás, a través de las diferentes estaciones del matrimonio, te llevarán al refinamiento si eliges aceptar el matrimonio como una forma para que Dios te transforme. La elección de abrazar los caminos de Dios siempre dependerá de ti, y siempre comenzarás sometiéndote a Él y permaneciendo en Él.

Querido Señor,

Gracias por liberarme de la esclavitud del pecado y por darme una victoria completa a través de Tu Hijo Jesucristo. Señor, deseo que mi matrimonio se destaque por Tu gloria y honor. Pido ser humilde para que puedas usar mi matrimonio como una herramienta poderosa para producir un refinamiento y un cambio verdaderos y duraderos en mi esposa y yo. Oro para recordar Tu propósito para mi matrimonio cuando atravesemos pruebas y dificultades. Pido reconocer cuando estés sacando mi pecado a la superficie para que yo te permita retirarlo. Refínanos y haznos santos y diferéncianos para Ti.

¡En el nombre de Jesús, AMÉN!

Mira bien tu anillo de matrimonio, un metal precioso que soportó el fuego de la refinación y que fue moldeado en un círculo perfecto y sin fin. Deja que sirva como un recordatorio de que tu matrimonio encontrará el fuego, pero que si lo entregas a Dios, puede resistir cualquier cosa. Cuando mires tu anillo de matrimonio, recuerda que debes orar por tu matrimonio.

ACTUALIZACIÓN DE ESTADO: @husbandrevolution Permitiré que Dios use mi matrimonio para refinarme. #HusbandAfterGod

PREGUNTAS DEL DIARIO:

¿De qué maneras eres santificado o «destacado» como esposo?

¿Qué transformaciones estás experimentando actualmente como cristiano o como esposo?

¿Cómo puedes responder a tu esposa de un modo diferente sabiendo que las pruebas que enfrentan juntos tienen el potencial de producir la transformación espiritual en tu matrimonio?

SÉ VALIENTE

Josué 1.9; Proverbios 28.1; 1 Corintios 16.13;
Hebreos 12.7-14; 2 Timoteo 1.7; 1 Pedro 5.8;
Efesios 6.12; 1 Timoteo 6.12

Has sido equipado por Dios para persistir en esta vida. Él te ha construido para ser fuerte y valiente. Él te ha dado valor para defender lo que es correcto, manos para trabajar duro y proveer, una boca para proclamar Su verdad, una mente para tomar decisiones sabias, un corazón para amar incondicionalmente a tu esposa, y músculos para ejercer tu fuerza con el propósito de Su voluntad.

Eres un guerrero con el poder, que habita en tu interior, de vivir con valentía y rectitud.

En esta vida enfrentarás muchas pruebas. Ser valiente es estar listo para enfrentar y soportar cualquier circunstancia. Ser valiente es estar preparado física y espiritualmente para defender tu fe y proteger el corazón de tu esposa. Habrá personas y situaciones que amenacen estas dos cosas. Debes ser un hombre que no se distraiga con el egoísmo, y no debes ser un hombre enredado en el pecado. De lo contrario, tu adversario te cegará en tus debilidades.

Sé discreto para que puedas pensar críticamente en tu estrategia, la cual te conducirá a la victoria. Debes resistir las tentaciones de tu carne que te tientan a rechazar el llamado de Dios en tu vida, y debes conocer la verdad de Dios para que puedas reprender las mentiras del enemigo. Sé valiente y audaz en tus acciones al adorar a Dios y al amar a tu esposa. Vigila tu matrimonio, destruyendo con rapidez cualquier inseguridad o duda que te haga cuestionarte si tu matrimonio tiene un propósito extraordinario.

Ser valiente es permanecer fuerte. Ser valiente es permanecer fiel cuando el mundo te diga que Dios no existe, cuando el mundo se burle de ti por creer o tener convicciones para vivir una vida santa, o cuando el mundo desafíe lo que sabes que es verdad. Ser valiente es permanecer en lealtad independientemente de la persecución.

Sé fiel. Sé fiel en tu matrimonio, en tu trabajo, en tus finanzas, en tu liderazgo y en cortejar a tu esposa. Sé fiel en tu palabra, en tu papel como padre, en tus amistades y en cómo usas tus medios sociales.

Eres un guerrero. Sé valiente mientras libras la buena batalla. Porque la lucha no es contra la carne y la sangre, sino contra las fuerzas espirituales del mal. Sé un hombre valiente, porque Dios está contigo.

Querido Señor,

Hazme valiente y dame el valor de librar la buena batalla por mi matrimonio y mi fe. Dame una mente discreta y enséñame a permanecer firme contra las tentaciones. Señor, purifica mi corazón y perdóname por mi falta de fuerza. Dame resistencia y poder. Ayúdame a proteger el corazón de mi esposa y a estar con ella en la fe a través de cada prueba que se interponga en nuestro camino. Hazme valiente para hablar y actuar con santidad. Oro contra el miedo, la depresión, la ansiedad y cualquier otra cosa que me impida vivir Tu voluntad. Dedico mi vida a Ti.

¡En el nombre de Jesús, AMÉN!

Sé honesto con tu esposa y pídele que sea honesta contigo acerca de los temores que cualquiera de ustedes pueda tener, y utilicen luego las Escrituras para animarse mutuamente a alejarse del miedo.

 @husbandrevolution
Lucharé siempre para proteger el corazón de mi esposa.
#HusbandAfterGod

¿Te sientes fuerte o débil en tu fe? Explica tu respuesta.

Explica aquello que parece tener coraje en tu fe y en tu matrimonio

¿Cuáles son los retos que enfrentas al ser un esposo valiente cuando tu esposa no responde de la manera que esperas de ella? ¿Por qué deberías hacerlo de todos modos?

PROTEGE TU MATRIMONIO

---

1 Timoteo 5.8; Proverbios 25.26; Salmos 101;
Efesios 6.18; 1 Pedro 5.8

La estación de autobuses estaba llena de viajeros ocupados y de autobuses que se apresuraban para acomodar pasajeros para las últimas rutas del día. Un esposo y una esposa esperaron pacientemente a que llegara su autobús.

Entre el mar de gente, un hombre hizo contacto visual con la esposa y le comunicó abiertamente su deseo por ella con unos guiños, un gesto con la cabeza y el fruncimiento de los labios. La esposa se sintió incómoda y ultrajada de inmediato, como si el hombre estuviera tratando de desnudarla con los ojos. Agarró el brazo de su esposo y se acercó a él, temiendo los motivos del hombre desconocido que le había hecho una insinuación. Su movimiento fue rápido, y su esposo evaluó velozmente que su esposa no estaba bien. Puso la mano sobre la suya, pero antes de que él pudiera preguntar qué le preocupaba, miró y vio al otro hombre caminar hacia ellos con agresividad en los ojos y una sonrisa perversa en el rostro. Aunque la esposa temía cualquier confrontación, todo ocurrió demasiado rápido como para que ella se opusiera.

Su esposo se puso en pie de un salto y gritó con tono severo: «Oye, hombre, es mi esposa. Déjala en paz». El desconocido pudo percibir la amenaza del esposo sin más palabras. Le dio la espalda a la pareja, riéndose con sus amigos mientras se alejaba.

Este mundo está lleno de maldad y oscuridad en la gente. Habrá momentos en que los extraños traten de aprovecharse de ti y de tu esposa. Habrá momentos en que los conocidos generen conflictos. Habrá ocasiones en que la familia o amigos cercanos ataquen emocionalmente a uno o a ambos de ustedes, y a menudo la lucha será simplemente entre tú y tu esposa.

Por ejemplo, cuando surgen problemas de intimidad y tu esposa es emocionalmente sensible a lo que está sucediendo, ella puede necesitar un protector que pueda consolar el dolor y la decepción en su corazón. O tal vez cuando ella tiene miedo por una razón en particular, y necesita un protector para orar por ella. Tal vez ella luchará con la ansiedad y necesitará un protector para ayudarle a reconocer lo que está provocando la ansiedad y recordarle las promesas de Dios.

Dios te ha destinado, como esposo, ser un protector del corazón de tu esposa. Debes estar alerta en todo momento, discerniendo situaciones que pueden requerir que actúes de una forma recta pero directa. Experimentarás oportunidades para alentar a tu esposa, mientras que al mismo tiempo eres el único que enfrente los problemas y establezca los límites que protegen a tu esposa y a tu familia.

Un esposo siempre debe proteger apasionada y deliberadamente el corazón de su esposa.

Aunque proteger físicamente a tu esposa es extremadamente importante, hay otra manera en que debes protegerla. Es tu responsabilidad proteger y cultivar la atmósfera espiritual en tu hogar. Sé diligente para salvaguardar tu matrimonio al no permitir que nada en tu casa pueda comprometerlo espiritualmente.

A medida que tu adversario ronda y busca maneras de dividir tu matrimonio, sé un esposo dispuesto a proteger tu matrimonio siendo el que cultiva la unidad y la unión con tu esposa. Puedes hacer esto y proteger tu matrimonio buscando la intimidad emocional, física y espiritual con tu esposa. Debes estar dispuesto a comunicarte todos los días con ella. Sé muy consciente de sus necesidades y haz lo que puedas para satisfacerlas. Hacer esto protege tu matrimonio de ser vulnerable a los ataques del enemigo.

Al guiar espiritualmente a tu esposa, protégela enseñándole la Palabra de Dios, lo que significa que debes conocer la Palabra de Dios lo suficiente como para enseñarla. Haz que ella sea responsable diariamente. Si tienes hijos, haz lo mismo por ellos. Da un ejemplo que les enseñe cómo hacerlo, haciéndolo tú mismo. Tu relación personal con Dios debe ser de máxima prioridad para ti.

Sé vigilante para considerar todo lo que permitas en tu corazón, mente y hogar. Asegúrate de que la música que estás escuchando, el contenido que estás leyendo, y aquello a lo que te expongas en la Internet, sea puro. Lo que llevas a tu corazón, lo llevas a tu hogar. ¿Estás permitiendo que el enemigo entre, dándole acceso a tu esposa y a tu familia, o estás siendo vigilante para protegerlos?

Sé deliberado para conocer la condición de tu relación con Dios y la condición de tu matrimonio. Sé deliberado para invertir bien tu tiempo. Sé deliberado para dedicar tiempo y adquirir comprensión sobre cómo puedes proteger mejor tu corazón y el de tu esposa.

Eres un guerrero. Eres un esposo. Tu propósito es proteger y amar. Hazlo a toda costa.

Querido Señor,

Perdóname si no he protegido física y espiritualmente a mi familia. Perdóname si he permitido el mal en mi hogar, ya sea a través de los medios de comunicación o de mis pensamientos. Pido que a partir de ahora considere todo lo que haga y diga, y evalúe si está poniendo a mi familia en peligro físico o espiritual. Pido hacer todo lo que esté a mi alcance, a través del poder del Espíritu Santo, para proteger a mi esposa e hijos. Señor, ayúdame a tener una pasión por aprender Tu Palabra para poder enseñarla a mi esposa e hijos. Pon tu Palabra en mi corazón y deja que me mantenga alejado de cualquier cosa que pueda lastimar mi matrimonio.

¡En el nombre de Jesús, AMÉN!

Considera una zona de tu vida a la que tu esposa no tenga acceso, e invítala. Podría ser un lugar físico, una cuenta bancaria, un sitio de medios sociales, tu teléfono o tu correo electrónico.

 @husbandrevolution Protegeré mi matrimonio, física y espiritualmente, a toda costa. #HusbandAfterGod

¿Hay zonas en tu vida que están permitiendo el peligro en tu matrimonio? ¿Qué ves, qué escuchas, con qué amigos te mantienes, etc.?

¿Hay alguna situación actual que te obligue a confrontar el problema y establecer un límite?

¿De qué manera Dios es protector y cómo te hace sentir sabiendo que fuiste creado a Su semejanza?

LA BUENA PELEA

Gálatas 6.9; 1 Timoteo 6.11, 12; Gálatas 5.17;
Proverbios 8.13; Eclesiastés 4.12; Santiago 4.17;
Marcos 10.8; 1 Tesalonicenses 5.16-18;
Tito 1.7-9, Filipenses 4.4-9

Ya sea que te des cuenta o no, estás en medio de una batalla espiritual. Tu carne carnal hace estallar la guerra contra tu espíritu diariamente. Tu carne desea lo que es contrario al Espíritu, suscitando el conflicto dentro de ti.

Además de tu agitación interna y personal, las consecuencias de la caída y las repercusiones del pecado, el enemigo busca devorar tu vida, arruinar tu matrimonio y destruir el testimonio de Cristo.

Esta es la pelea; el forcejeo diario de la guerra entre las opciones que determinan de qué lado estás luchando.

Puede ser fácil distraerte creyendo que la pelea es con tu esposa. No te distraigas al creer que ganar una pelea con tu esposa, o conseguir que admita que tienes razón, es honorable o agradable de cualquier manera para Dios.

De hecho, Dios detesta el orgullo, porque el orgullo te impide ver los caminos de Él. El orgullo mantendrá tu corazón endurecido. Cuando tu corazón se endurece, eres más susceptible de ceder a las tentaciones de la carne.

Cuando renuncias y sucumbes a tu carne, pecas. El pecado es un acto inmoral, una transgresión, una ofensa. El pecado siempre es una elección. El pecado es saber lo que es bueno y no hacerlo. La gratificación inmediata que buscabas es breve; lo que sigue es una serie de efectos negativos, y no eres el único sujeto a ellos. Tú y tu esposa son una sola carne, lo que significa que ella también se ve afectada por tus malas decisiones.

Cuando pecas, estás optando por pelear contra Dios y contra tu esposa. Pero Dios desea que tengas autocontrol sobre tu carne y camines en el Espíritu. Cualquiera que camine en el Espíritu honrará a Dios, y ya no satisfará los deseos de la carne.

Debes estar por encima del reproche. Elige vivir la vida con un corazón humilde, ofrecido a Dios. Debes estar alerta. Sé un hombre de Dios, un guerrero de honor, huyendo de la inmoralidad en busca de la rectitud. Sé un hombre moral en el que otros puedan confiar, especialmente tu esposa.

Cuando eliges caminar en obediencia a Dios, eliges caminar en la victoria. Cuando amas y quieres incondicionalmente a tu esposa, plantarás una semilla de respeto en ella. Cuando te arrepientes de tus pecados, serás liberado. Cuando ores sin cesar, encontrarás la paz trascendente de Dios.

Juraste ser un esposo. Cumple tu compromiso guiando a tu esposa a la buena batalla de la fe, invitándola a orar contigo, meditando juntos en la Palabra de Dios, manteniéndola responsable y afirmándola en su relación con el Señor. Ínstala hacia la virtud y la madurez. Lucha al lado de tu esposa, nunca contra ella. Invita a Dios a estar en el centro de tu matrimonio. La lealtad a Dios te hará permanecer fiel a tu esposa.

Persevera, hombre de valor, cuando las cosas se pongan difíciles o cuando te falte entendimiento. Persevera. No te canses de hacer el bien y cosecharás en tu matrimonio.

Querido Señor,

Deseo caminar en el Espíritu y honrarte con mi vida y mi matrimonio. Perdóname por mis pecados y enséñame a caminar en la rectitud. Señor, ya no permitiré que mi orgullo se interponga en el camino de la unidad con mi esposa. Dejaré de pelear con mi esposa y empezaré a luchar junto a ella. Lucharemos por la paz, la esperanza, la fe y la rectitud. Oraré con mi esposa, meditaré en la Palabra con mi esposa, buscaré primero Tu reino con mi esposa. Señor, sé el centro de mi matrimonio. Ayúdame a perseverar y a no cansarme de hacer el bien. Ayúdame a seguir adorándote incluso cuando las cosas sean difíciles en mi vida y en mi matrimonio. Ayúdame a seguir amando a mi esposa incluso cuando sea difícil.

¡En el nombre de Jesús, AMÉN!

Cuando te encuentres empezando a pelear con tu esposa, detente y recuerda que tu esposa no es tu enemiga y que están ambos del mismo lado. Sé humilde y luego pregúntale si pueden orar juntos sobre el asunto.

 @husbandrevolution No me cansaré de hacer el bien por mi esposa. #HusbandAfterGod

¿Cuáles son algunos ejemplos de conflicto entre tu carne y tu?

¿De qué maneras has sido testigo de tu pecado que afecta negativamente a tu matrimonio?

¿Cuál es un aspecto de tu vida en el que estás peleando la buena batalla de la fe, resistiendo el pecado y honrando a Dios?

LA ECONOMÍA DE DIOS

Malaquías 3.10; Proverbios 6.9-11; Mateo 6.21;
Romanos 12.1, 2; Romanos 13.8;
1 Timoteo 6.6-10; 2 Corintios 9.7; Filipenses 4.19

Un esposo se apresuró a su casa después del trabajo, deseoso de encontrar una buena noticia en el correo. La puerta se abrió bruscamente y su esposa se volvió con entusiasmo hacia él. Con una mano en el correo, el esposo pasó el otro brazo alrededor de su esposa y la saludó con un fuerte abrazo.

«¿Ha llegado la carta?» le preguntó a su esposo.

Habían estado esperando ansiosamente esa carta de confirmación que cambiaría radicalmente sus vidas. Él respondió con una sonrisa en su cara, sosteniendo el sobre:

«¡Sí!». Se sentó en su escritorio y abrió la carta con rapidez.

Su esposa lloró y rio al mismo tiempo, abrazando a su esposo con alegría irradiando de su corazón, «¡Lo logramos, cariño! ¡Ya no tenemos deudas!».

Por dos años, esta pareja oró y le pidió a Dios que eliminara sus deudas. Trabajaron a tiempo completo y renunciaron a sus fines de semana para trabajar hacia sus metas financieras, reuniendo por lo general mil dólares o más cada mes para pagar el saldo adeudado. Su experiencia no estuvo exenta de situaciones en las que sacrificaron sus deseos y anhelos para alcanzar estos objetivos. Tampoco faltaron momentos en que se enojaron el uno con el otro, discutiendo por dinero. Independientemente de lo difícil que fuera su situación financiera, permanecieron fieles a Dios, pagaron el diezmo regularmente y confiaron más en la economía de Dios que en la economía del mundo.

El mundo promueve un estilo de vida lleno de deudas. La presión para utilizar y confiar en las tarjetas de crédito, préstamos y otras formas de inversiones riesgosas es extremadamente alta. La economía del mundo fluctúa, se infla, se desmorona. Los efectos negativos y las implicaciones de vivir con deudas es una fuerza destructiva para cada matrimonio y familia.

El enemigo te tentará con los deseos de tu corazón y tratará de convencerte de que creas que la economía del mundo es segura. La verdad es que la única seguridad que encontrarás siempre solo está en Dios.

Dios quiere que le confíes a Él tu familia, tu situación de vida, tu trabajo, tu cartera, todo. Mientras confíes en Dios y guíes a tu familia de acuerdo a Sus caminos, tendrás todo lo que necesitas, incluyendo el contentamiento. Los caminos de Dios se encuentran en toda Su Palabra. Si deseas guiar a tu familia, debes conocer la Palabra de Dios.

En la economía de Dios, el mayor riesgo para ti es no decir nunca: «No se haga mi voluntad, Señor, sino que se haga Tu voluntad». La verdad es que recibirás todo lo que necesites diciendo y creyendo en estas palabras.

Si quieres amar a Dios y amar fielmente a tu esposa, debes asumir la responsabilidad de ser un buen administrador de lo que Dios te ha dado. Esto incluye cuidar a tu esposa, tener un fuerte compromiso para trabajar, dar fiel y generosamente a Dios, dar generosamente a otros en necesidad, administrar tu presupuesto y no deber nada a nadie, salvo amor.

Confiar en Dios y llevar a cabo Sus caminos requiere una mente sana, una actitud alegre y una esperanza en el futuro. Guía a tu esposa en tus finanzas, guíala para confiar en la seguridad de Dios, ora por las compras sin tener que apresurarte a comprar, sé sabio, ten autocontrol y vive dentro de tus medios. La alegría que tú y tu esposa experimentarán cuando busquen a Dios y le confíen sus vidas será inconmensurable.

Querido Señor,

Te entrego mis finanzas. Entrego mi control sobre ellas y te pido que me guíes por Tu Espíritu Santo. Dame un corazón que desee darte el diezmo que pides. Señor, dame un corazón más generoso con los que me rodean y están necesitados. Pido para no confiar en la economía del mundo, sino que confíe completamente en Ti y Tu provisión para mi vida. Pido sabiduría en el ámbito del dinero, y te pido que nos guíes hacia una mentalidad libre de deudas. Ruego que algún día tengamos una deuda pendiente de amor entre nosotros. ¡Ayúdanos a ser una familia libre de deudas!

¡En el nombre de Jesús, AMÉN!

Confíale tus finanzas a Dios esta semana. Ya sea que estén o no dentro de tu presupuesto, ora acerca de cuánto quieres devolverle a Dios y dáselo fielmente.

ACTUALIZACIÓN DE ESTADO: @husbandrevolution Estaré contento y confiaré en la provisión del Señor para mi vida. #HusbandAfterGod

PREGUNTAS DEL DIARIO:

¿Qué desafíos enfrentas al confiarle a Dios el diezmo regularmente?

¿Qué puedes iniciar y aplicar hoy para que tu familia esté libre de deudas?

¿Confías en que Dios cuidará de ti o tienes miedo?

LA ARMADURA DE DIOS

Efesios 5.33; 1 Timoteo 2.1-6; Mateo 6.24; Efesios 6.1-4; Efesios 6.10-18; Hebreos 4.12; 2 Corintios 5.21

Un soldado es un guerrero hábil, equipado y entrenado para el combate. Eres un soldado en el ejército de Dios. Eres un guerrero. Estás equipado por Dios para luchar contra las fuerzas oscuras de este mundo, tu enemigo es el diablo. La batalla es real y está sucediendo ahora mismo. La batalla es una guerra espiritual por las almas. Dios desea que todos los hombres sean salvos, pero el enemigo busca matar, robar y destruir. Un hombre no puede servir a dos amos. Cada día es una oportunidad para servir a Dios y adorarlo, o para servirte a ti mismo y adorar al enemigo.

¿Estás preparado para luchar?

Un soldado es muy deliberado en su preparación para el combate. El equipo protector, las armas, la estrategia, la fuerza y el poder son necesarios para la victoria.

Dios te ha dado todo lo que necesitas para estar preparado como soldado de Su ejército. La armadura de

Dios está esbozada en Su Palabra y con ella derrotarás al enemigo, frustrando sus avances contra ti, contra tu matrimonio y contra el Reino de Dios.

No es casualidad que la armadura de Dios se detalle en las Escrituras inmediatamente después de mencionar las relaciones familiares. Dios fue deliberado sobre su disposición, sabiendo que las relaciones más íntimas serían un objetivo continuo para los ataques del enemigo. Es imperativo que obedezcas la sabiduría de Dios y adecuar, por el bien de tu matrimonio, a tu familia y al testimonio de Cristo.

EL CINTURÓN DE LA VERDAD: Primero y ante todo, debes creer en la verdad de Dios; en Su Santa Palabra. Cuando te sientes agredido, ofendido, estresado o tentado, la verdad de Dios es el único consuelo que te traerá sanación y paz. Necesitas tener una base firme en tu corazón sobre lo que Dios dice de ti. Cuando lleguen tiempos difíciles, deja que Su verdad inmutable te mantenga estable. La otra parte de esta armadura es ser un hombre de palabra. La veracidad es tener sinceridad en tus acciones y en tu carácter. La verdad es hacer lo que dices que harás y ser honesto con tus palabras. Si le dices a tu esposa que satisfarás una necesidad de ella en un momento determinado, debes seguir adelante con tu promesa. Al hacer esto, construyes una reputación de veracidad y de confianza con tu esposa. La verdad en el matrimonio crea un lugar seguro para que aumente la intimidad.

LA CORAZA DE LA JUSTICIA: El único camino verdadero para alcanzar la justicia es estar en Cristo. (2 Corintios 5.21) Cuando te sometes a Cristo en obediencia, tu carácter será transformado para reflejar el Suyo. La motivación para luchar por vivir una vida moral proviene de lo más profundo de tu corazón a medida que tu relación con Dios se desarrolla. La coraza protege el corazón. Del mismo modo, tú puedes proteger tu corazón de la destrucción y del estrago del pecado eligiendo vivir de acuerdo con la ley de Dios. Esta es una decisión diaria que tomas cuando eres confrontado con todo tipo de decisiones. Al elegir la justicia, estás diciendo que sí al amor, a la alegría, a la paz, a la paciencia, a la amabilidad, a la bondad, a la fidelidad, a la dulzura, y al autodominio. Esta fecundidad es necesaria para que tu matrimonio prospere.

EL EVANGELIO DE LA PAZ: La buena noticia del testimonio de Cristo viene con el poder de trascender la paz. Solo Él puede llenar verdaderamente tu corazón de paz en cualquier situación que enfrentes. Si alguna vez sientes el peso de la ansiedad, la depresión, la ira, el miedo, el estar abrumado, la inseguridad, la indignidad o cualquier otra opresión que pueda debilitar con facilidad, debes apoyarte en Él para recibir el poder de Su paz. No hay nada que puedas hacer para liberarte, y tu esposa no puede hacer nada para que la opresión desaparezca. Solo la paz de Dios puede traerte sanación y libertad. Así que cuando la presión se acumule y el enemigo avance, prepárate para depender de Dios para la paz. Tener la disposición de la paz también significa que persigues la armonía sin importar en dónde estés ni cuál sea tu circunstancia. La búsqueda de la paz es esencial en el matrimonio. Cuando buscas ser un pacificador, el egoísmo disminuye mientras que el amor se acumula.

EL ESCUDO DE LA FE: La fe es confiar en Dios, creyendo que Sus planes son los mejores. En la fe, crees que el plan de Dios para ti y para tu esposa es mejor que cualquier cosa que puedas imaginar, porque sabes que el amor de Dios por ti es grande. La fe también es tener confianza en las cosas que se esperan. Si esperas experimentar una intimidad apasionada con tu esposa, debes estar seguro de su capacidad de amarte. Si esperas ver a tu esposa respetarte como un hombre temeroso de Dios, necesitas tener confianza en tu habilidad para guiarla, y hacerlo bien. Si esperas compartir un matrimonio maravilloso con tu esposa, debes usar tu escudo de la fe para bloquear cualquier negatividad ajena, palabras que tienen el potencial de sembrar la duda en tu corazón. Esto te ayudará a permanecer fiel a tu esposa y a la esperanza que tenías cuando te casaste con ella. La fe y la esperanza alimentan la pasión y el propósito de tu alma, los cuales son elementos necesarios para disfrutar de la vida y pelear la buena batalla.

EL YELMO DE LA SALVACIÓN: La salvación se define como la liberación del pecado y la preservación de la destrucción. Así como Dios te extendió la gracia, sé diligente en extender la gracia a tu esposa por sus pecados, faltas y fracasos. Libera a tu mujer de la debilidad, perdónala, ora por ella y dale la oportunidad de cambiar. Ten en cuenta que ni tú ni tu esposa son perfectos, pues ambos están necesitados de la gracia diaria. Preserva tu matrimonio de la destrucción invirtiendo en él mediante la adquisición de conocimientos. Busca recursos matrimoniales que iluminen tus perspectivas, inspiren tu pasión y te desafíen a transformarte en el esposo que Dios quiere que seas.

LA ESPADA DEL ESPÍRITU: Una de tus armas de defensa más poderosas será siempre la Palabra de Dios. La Espada del Espíritu es la poderosa Palabra de Dios, que es viva y activa, y más aguda que cualquier espada de doble filo (Hebreos 4.12). Con la Palabra de Dios puedes aprender a vivir como Él te ha llamado a hacerlo, puedes aprender acerca de Sus verdades, puedes aprender acerca de Su testimonio, y puedes aprender cómo invertir en tu matrimonio. ¡La Biblia tiene poder en ella! Léala, memorízala, medita y recurre a ella para la comprensión. Utilizando activamente la Biblia, tu fe crecerá, serás transformado, y tu matrimonio será bendecido a medida que te transformas en un esposo temeroso de Dios.

Junto con todas las diferentes piezas de la armadura, también se te anima a orar. La fe te permite orar, para comunicarte con Dios, tu Comandante, tu Rey. A través de la oración, puedes agradecer e implorar protección para tu esposa y tu familia. La oración es una manera poderosa de mantener tu vida, tu matrimonio y tu familia enfocadas en Dios.

La Palabra de Dios expone la realidad de la guerra espiritual, revelándote el poder que tienes para enfrentarte a las fuerzas del mal. Como guerrero de la fe, estás llamado a la acción. Dios te está llamando a ponerte la armadura y no solo partes de ella... ¡la armadura completa de Dios! Haz que sea parte de tu rutina diaria, y vístete espiritualmente a fin de prepararte para la batalla a mano. ¡Tu matrimonio y tu familia dependen de ti!

Querido Señor,

Gracias por darme la armadura que necesito para alcanzar la victoria en mi vida y en mi matrimonio. Señor, ayúdame a caminar en la verdad en todos los aspectos de mi vida y a eliminar cualquier falsedad de mis labios. Puedo esforzarme hacia la rectitud, así como Tú eres recto. Hazme un pacificador porque quiero ser llamado un hijo de Dios. Dame una fe que sea inamovible para poder ser un ejemplo para mi esposa e hijos. Gracias por la salvación que me has dado por medio de tu Hijo Jesucristo. Dame pasión por Tu Palabra y escribe Tu Palabra en mi corazón para que yo conozca Tus caminos y entienda Tu voluntad. Te amo Señor, y deseo buscarte en oración todos los días, por mí, por mi esposa y por mis hijos.

¡En el nombre de Jesús, AMÉN!

Memoriza todas las partes de la armadura de Dios y habla con tu esposa sobre la importancia de blindarte diariamente.

 @husbandrevolution Me pondré toda la armadura de Dios por mi matrimonio. #HusbandAfterGod

Anota cada parte de la armadura y describe cómo se ve en la práctica.

¿Por qué es importante que te pongas toda la armadura de Dios?

¿Cómo podrían verse algunas de los «dardos de fuego del maligno» en tu matrimonio?

EL ORGULLO

Proverbios 8.13; Proverbios 11.2; Proverbios 13.10;
Proverbios 16.5; Proverbios 16.18; Marcos 7.14-23;
1 Juan 2.16; Romanos 12.3; Mateo 18.4

El orgullo se inflama y hace que un hombre se crea más de lo que debería, siendo un caldo de cultivo para el autoengaño. El orgullo es cuando le das importancia a las cosas que has hecho y logrado, convencido de que lo hiciste con todas tus fuerzas.

El mensaje del orgullo que se instala en tu corazón dice: «Nadie contribuyó, nadie me ayudó a hacerlo, Dios no me dio la fuerza ni la habilidad. Lo hice, y quiero toda la gloria».

El orgullo cree que siempre tienes la razón. El orgullo grita, «debo ganar». Declara su manera como la mejor. El orgullo es centrarte en ti mismo, consumirte contigo mismo, en lo que hiciste, en lo que mereces, en lo que deseas. El orgullo motiva la creencia de que todo gira alrededor de ti.

El orgullo es destructivo para tu matrimonio. Actuar con orgullo es peligroso porque su meta es la autopreservación, no la unidad.

El orgullo hará imposible amar a tu esposa a través de actos de servicio amable, porque querrás ser servido. Esto te desafiará en medio de una discusión con tu esposa, presionándote para evitar la reconciliación. Es algo que se adhiere rápidamente a los hechos y escala la situación. El orgullo consiste en la prueba y en los resultados, y en quién tiene la razón, mientras que tu esposa solo quiere saber que te preocupas por ella y por la condición de tu matrimonio. El orgullo también te convencerá de que no te arrepientas hasta que tu esposa se arrepienta, se confiese o sea sorprendida primero. Te hará llevarla a tu nivel de vergüenza para que no te sientas tan mal. Estas posturas, o actitudes del corazón, hacen imposible experimentar la verdadera intimidad con tu esposa. Más bien, tienen un efecto polarizador, y la alejan.

Un corazón orgulloso tiene una enorme dificultad para ejercitar la humildad. Un corazón orgulloso no sabe cómo sucumbir al amor.

¡Dios detesta el orgullo! El orgullo te engañará creyendo que no lo necesitas a Él. El orgullo te impide ser humilde, te impide admitir cuando has pecado, te impide orar y te impide apoyarte en la verdad de Dios. Un corazón lleno de orgullo es inatacable; por lo tanto, el proceso de transformación se ve obstaculizado. El orgullo apaga el Espíritu Santo, cortando tu unión con Dios. El orgullo no es motivado por el amor, impedirá que te rindas, impedirá que te disculpes e impedirá que perdones. El orgullo da origen a la amargura y al resentimiento. Sin la reconciliación, un esposo y una esposa son heridos fatalmente. El orgullo te hará caer y te destruirá.

Si quieres una relación íntima con Dios y con tu esposa, debes decidir ser humilde en tu corazón y en tu mente. Necesitas arrepentirte de tu orgullo y elegir someterte a Dios. Necesitas ser sensible a la dirección de Dios, debes entregarte a Sus caminos, estar al tanto de los que te rodean, y estar enfocado en el amor. Si quieres una relación próspera con Dios y con tu esposa, debes hacer a un lado tu orgullo.

Querido Señor,

Perdóname por cualquier orgullo que tenga en mi corazón. Perdóname si el orgullo me ha alejado de Ti. Perdóname si mi orgullo ha herido a mi esposa. Señor, entra en mi corazón y encuentra cualquier camino orgulloso que yo tenga y aléjalo de mí. Dame un corazón y un espíritu humildes. Señor, no quiero que mi orgullo me haga caer, quiero permanecer fuerte. Ruego que me ayudes a reconciliar cualquier relación donde mi orgullo haya tenido un impacto negativo. Pido para enfocarme en el amor. Oro para ser un hombre que camine humildemente en todos los sentidos.

¡En el nombre de Jesús, AMÉN!

Ora todos los días esta semana para que Dios revele cualquier orgullo que tengas en tu corazón. Escribe las cosas que Él te revele, y luego ora y trabaja para humillarte en esas zonas. Arrepiéntete de ese orgullo.

ACTUALIZACIÓN DE ESTADO: @husbandrevolution Depon-go mi orgullo para poder tener un matrimonio bendito. #HusbandAfterGod

PREGUNTAS DEL DIARIO:
¿En qué piensas cuando escuchas la palabra «orgullo»?

¿Has experimentado orgullo en tu corazón y luego una caída o pelea en tu relación con tu esposa debido a ello?

¿De qué has estado muy orgulloso últimamente y qué sientes que Dios te está llamando a hacer al respecto?

EL PERDÓN

Colosenses 3.12-14; Mateo 18.21-35;
1 Pedro 4.8; Mateo 6.15

Una de las declaraciones más aterradoras que haya hecho Jesús puede encontrarse en Mateo 6.14, 15: «Porque si perdonan a los hombres sus ofensas, su Padre celestial también les perdonará a ustedes. Pero si no perdonan a los hombres, tampoco su Padre les perdonará sus ofensas».

Considera estas palabras profundamente y entiende las implicaciones que tienen. Como seguidor de Cristo, has elegido amar y obedecer a tu Salvador. Sus palabras tienen más peso que cualesquier otras en tu vida. Cuando dijiste que sí a Jesús, inmediatamente renunciaste a tu derecho a ciertas cosas, siendo la más importante la opción de perdonar a otros. Has perdido el derecho de aferrarte a las faltas cometidas en tu contra. El mundo te dirá que a menos que una persona que te haya ofendido pida perdón y cambie sus caminos, no eres responsable de perdonarla. Sin embargo, eso no es lo que Jesús ha enseñado en Su Palabra.

Jesús deja muy claro a Sus discípulos el significado del perdón. También hace una advertencia severa en Mateo 18.21-35; saca un momento para leerla de nuevo. No hay nada que nadie en este mundo, especialmente tu esposa, pueda hacerte a ti que sea más indigno de perdón, que lo que Dios te perdona a través de Su Hijo Jesús. Por lo tanto, si no perdonas a alguien, estás diciendo efectivamente que lo que te hizo esa persona es peor que lo que le hiciste a Dios. Si puedes tener un perdón completo, entonces también otras personas pueden tenerlo.

Perdonar a tu esposa no será fácil. Ella te ofenderá a veces y pecará en su debilidad. Del mismo modo, habrá momentos en que la ofendas y peques. El matrimonio es vulnerable porque es una unión íntima entre dos pecadores. Las dificultades personales que tengan tú y tu esposa tendrán un impacto negativo en ustedes dos y en la calidad de su matrimonio.

Sin perdón, la ruina en tu relación es inevitable.

Hay muchos problemas que pueden causar conflictos en el matrimonio, incluyendo: las finanzas, la manipulación, las mentiras, la lujuria, el orgullo, y la lista continúa. Sin embargo, tú y tu esposa son responsables de proteger tu relación contra estas fuentes de discordia. Una de las maneras más poderosas de transformar estos conflictos en hitos de crecimiento es por medio de la reconciliación.

La reconciliación es el resultado y la culminación de la disculpa y el perdón, los cuales requieren humildad. La disculpa y el perdón son signos vitales y verdaderos de un matrimonio saludable. Haz tu parte para mantener tu matrimonio fuerte a través de la voluntad de practicar el perdón.

Cristo te insta a seguir perdonando, así como Dios te sigue perdonando. ¡Puedes perdonar porque el amor de Dios ha sido derramado en tu corazón por medio del Espíritu Santo! ¡A medida que eliges perdonar a tu esposa, ¡experimentas el poder y la autoridad derivados de Dios!

Protege tu matrimonio por medio del arrepentimiento y el perdón. Tu reacción al pecado no depende de cómo reaccione tu esposa; al contrario, estás bajo el mando de Dios y eres responsables ante Él de amar incondicionalmente a tu esposa. El amor cubre el pecado. Protege tu matrimonio y perdona a tu esposa, así como Dios te perdona, y alienta a tu esposa a no darse por vencida cuando el pecado conduzca a la vergüenza o afecte negativamente a tu matrimonio; anímala a aguardar y a esperar.

Querido Señor,

Lamento las veces que no he perdonado a mi esposa. Me arrepiento de mi corazón implacable y te pido que lo reemplaces con uno que esté lleno de gracia y perdón. Señor, me has perdonado tanto, y no merezco perdón. Ayúdame a tomar esa misericordia y gracia y a usarlas como un recordatorio de cómo amar y perdonar a mi esposa y a los demás. Ruego que la amargura nunca se asiente en mi corazón. Pido contra la tentación de justificar la falta de perdón. Que Tu gracia abunde en mis relaciones, y sobretodo, en mi matrimonio.

¡En el nombre de Jesús, AMÉN!

Apóyate en Dios para tener el poder de perdonar a los demás, confiando en Él para sanarte. Si tienes alguna falta de perdón hacia tu esposa, acude a ella y reconcíliate.

ACTUALIZACIÓN DE ESTADO: @husbandrevolution El arrepentimiento y el perdón son signos vitales y verdaderos de un matrimonio saludable. #HusbandAfterGod

PREGUNTAS DEL DIARIO:

¿Cómo te hace sentir cuando consideras las palabras de Jesús en Mateo 6.14, 15?

¿Qué cosas hacen que sea difícil perdonar a tu esposa?

¿Hay algo por lo que puedas perdonar a tu esposa ahora? ¿Hay algo por lo que necesites confesar y pedir perdón?

LA IRA

Salmos 7.11; 2 Reyes 17.18; Romanos 1.18;
Santiago 1.19-25; Efesios 4.26; Proverbios 29.11;
Proverbios 15.1; Colosenses 3.8; Proverbios 25.28

Dios le ha dado al hombre una variedad de emociones poderosas, y la ira es una de ellas. Dios mismo conoce muy bien la ira.

Dios te ha dado la capacidad de sentir la ira para que tengas una comprensión profunda de Su corazón y de las cosas que le importan a Él. Está bien sentirte enojado. Sin embargo, Dios te manda a no pecar en tu ira.

Hay un equilibrio y un límite que necesitan mantenerse cuando se trata de expresar la ira. Este límite debe ser puesto en su lugar debido a tu carne. Sin autocontrol y moderación, tu carne tendría el poder de darle plena libertad a tu ira, lo cual es imprudente y muy peligroso. Cuando tu carne siente cólera, quiere ejercerla físicamente de adentro hacia afuera. Si le das plena libertad a tu ira, permitiéndole controlarte, corres el riesgo de hacerte daño a ti y a los demás, especialmente a tu esposa. La ira injusta puede y destruirá tu matrimonio.

Tu carne querrá usar la ira para que te justifiques a ti mismo cuando te sientas ofendido o agitado. Ceder a tu carne en medio de tu ira rompe la unidad con tu esposa porque ya no estás operando como una sola carne. Cuando actúas injustamente debido a tu ira, ya no estás protegiendo y defendiendo tu matrimonio, sino que te apartas con orgullo de tu esposa, provocando todo tipo de conflictos.

Hay muchos hombres que están llenos de ira, pero no entienden su poder. Lo usan mal y, en consecuencia, abusan de otros con él. La gente utiliza la ira para asustar, amenazar, demostrar superioridad, demostrar fuerza, transmitir algo, herir, debilitar, manipular, obtener control y vengarse.

La Biblia enseña lo contrario; ser lento para enojarse, amarse unos a otros, ser un embajador de la paz.

El límite necesario y justo para la ira es ejercer el autocontrol para frenar tu ira y dirigir su energía bajo la autoridad de Dios. La única manera de formular dicho límite y estar sujeto a Dios es dirigir tu corazón a Él en humildad.

Debes usar tu ira para bien, para luchar por las injusticias en el mundo que son importantes para Dios. Esto incluye defender tu matrimonio. Sin embargo, si estás distraído al enojarte fácilmente con tu esposa y pelear con ella, no tendrás la capacidad de pelear simultáneamente por ella.

Domina tus emociones. Ejercita el autocontrol e implora a Dios que te ayude, para que no peques cuando estés enojado. Dirige tu energía a las injusticias del mundo, a

los inocentes de los que se han aprovechado, a las muje-
res que han sido abusadas, a los niños olvidados, a los
matrimonios que están siendo destruidos, y así sucesi-
vamente.

Deja que Dios sea tu vengador, y actúa como Él crea
conveniente.

Querido Señor,

Toma mi espíritu y somételo al Tuyo. Enséñame a tener pleno control sobre mi ira para no pecar contra Ti o contra mi esposa. Perdóname por mi ira. Señor, ruego que te complazcas con mi actitud y con las palabras que diga. Dame un corazón que luche por Tus causas. Pido tener pasión para servirte y luchar por las injusticias del mundo como Tú quieres que yo haga. Oro para tener autocontrol de mi ira y dirigir su energía apropiadamente. Por favor, muéstrame cómo ser lento para enojarme, especialmente con mi esposa. Oro para estar libre de ira.

¡En el nombre de Jesús, AMÉN!

La próxima vez que te sientas enojado con tu esposa, haz una pausa y ora. Saca tiempo para navegar tu ira y procésala antes de reaccionar a la situación. Asegúrate de no pecar en medio de tu ira. También, considera qué cosas activan tu ira y pídele a Dios que te transforme para no enojarte fácilmente por estos desencadenantes.

ACTUALIZACIÓN DE ESTADO: @husbandrevolution La ira del hombre no produce la rectitud de Dios. # HusbandAfter-God

PREGUNTAS DEL DIARIO:
¿Cuáles son algunas situaciones que desencadenan tu ira?

¿Qué capacidad de destrucción tiene la ira en tu vida?

¿Cuáles son algunas de las acciones que puedes emprender para asegurarte de tener control sobre tu ira?

ÁMALA

Efesios 5.25-33; 1 Corintios 13.4-8;
Romanos 13.8-10; 1 Juan 4.8; 1 Pedro 3.7

Se te ha ordenado amar a tu esposa, pero nunca podrás cumplir este mandamiento por accidente. Amar a tu esposa como Cristo ama a la iglesia es una decisión diaria y consciente. Además, para elegir el amor, debes saber lo que es el amor.

El mundo y nuestro enemigo han aprovechado todas las oportunidades para definir el amor mediante normas retorcidas y pervertidas. Sin embargo, el amor no es definido por nuestro enemigo o por el mundo; no, el amor es definido por Dios mismo y por Su Palabra definitiva. Para saber amar, primero debes conocer a Dios, porque Dios es amor.

El amor es ser paciente con tu esposa. Es tener autocontrol para no exasperarla o estresarla. El amor es ser amable en tu actitud, en tus acciones y en tus palabras. Significa que no te dan celos de tu esposa o de las relaciones de tu esposa. Es comunicarte con ella sin orgullo.

El amor es poner las necesidades de tu esposa por encima de las tuyas. Significa que no eres fácilmente provocado por ella, sino que le respondes de una manera que refleja el carácter de Dios. Significa que eres paciente, amable y tierno con ella. Significa que no te aferras a los pecados pasados de ella que pueden ser utilizados como munición en medio de una conversación acalorada o desacuerdo. El amor la perdona cuando ella se equivoca, se arrepiente cuando estás equivocado y se esfuerza por continuar con la intimidad y la unidad independientemente de cómo se hayan lastimado el uno al otro.

El amor siempre protege a tu esposa, siempre confía en ella, siempre espera en ella, siempre persevera con ella. El amor nunca falla y nunca renuncia a ella.

El amor es apreciar a tu esposa y buscarla románticamente. Amarla significa que buscas aquello que llenaría su corazón de alegría, que alimentaría su espíritu, que la ayudaría a saber que la quieres y deseas, y que la haría sentirse segura en su matrimonio. Amar a tu esposa es saber cómo consolarla, cómo escucharla, cómo sacar tiempo para entenderla y validar sus sentimientos. Amar a tu esposa significa que la lavas con la Palabra de Dios. Enseña, comparte y discute con ella la Palabra de Dios. Amar a tu esposa significa orar por ella y con ella todos los días.

Estar presente en tu matrimonio y en tu familia es el primer paso para poder amar a tu familia. Está ahí con ella, más de lo que no lo estás. Si no puedes estar presente debido al trabajo, asegúrate de estar en comunicación diaria por teléfono, correo electrónico o Skype.

Amar a tu esposa a veces será inconveniente para tu carne. Ámala de todos modos. Amar a tu esposa a veces no tiene sentido porque ella te lastima. Ámala de todos modos. Amar a tu esposa a veces será un desafío porque ella no responderá de la manera que tú esperas. Ámala de todos modos. Cuando tu matrimonio parezca roto, ámala de todos modos.

Si quieres ser como Jesús, debes amar como Él. El amor verdadero no es un sentimiento. Es mucho más grande que eso. El amor incondicional es una elección. Con cada acción, demostrarás si amas a tu esposa. Tu amor promoverá y contribuirá a un matrimonio sano, próspero y que honra a Dios. Será extremadamente difícil que una esposa no respete y se someta a su esposo cuando él la ama así.

Amar a tu esposa significa que te niegas a descuidarla, que pones sus necesidades por encima de las tuyas, que nunca dejas de buscarla y que siempre estás dispuesto a conocerla íntimamente.

Dios te ordenó directamente como su esposo amarla como Cristo ama a la iglesia. Ningún otro hombre en la Tierra puede cumplir esto por tu esposa. Está ahí para ella y satisface la necesidad en su corazón de ser verdaderamente amada y apreciada por completo.

Por encima de todo, elige siempre el amor.

Querido Señor,

Gracias por amarme con un amor eterno. Gracias por mostrarme ese amor mucho antes de que yo hiciera algo en respuesta a ello. Enséñame a amar así. Enséñame a amar como Tu Hijo. Mi esposa es un regalo de Ti y la amaré como el mejor regalo que haya recibido. Dame creatividad en las formas en que puedo buscarla románticamente. Dame la fuerza para sostenerla cuando esté cansada. Dame ojos para ver cuando ella necesite mi atención. Dame oídos para escuchar su corazón. Dame palabras para insuflarle vida. Ayúdame a elegir el amor incluso cuando las cosas se vuelvan difíciles.

¡En el nombre de Jesús, AMÉN!

DESAFÍO:
Memoriza Efesios 5.25-33

ACTUALIZACIÓN DE ESTADO: @husbandrevolution Amaré a mi esposa como Cristo ama a su iglesia. # HusbandAfterGod

PREGUNTAS DEL DIARIO:
¿Por qué crees que Dios ordenó a los esposos a amar a sus esposas como Cristo?

¿Cómo respondería tu esposa si comenzaras a amarla de esta manera?

¿Con qué tienes más dificultades cuando se trata de amar a tu esposa?

LA SABIDURÍA

Génesis 3.6; Proverbios 2, Proverbios 9.10;
1 Corintios 1.18-31; Santiago 1.5;
Proverbios 3.13; Proverbios 8

El corazón del hombre desea ser reconocido como sabio. El orgullo de la humanidad dice: «¡Lo sé!». Sin embargo, hay muchos que carecen de sabiduría. ¿Por qué pasa esto? Porque la sabiduría es mucho más que el conocimiento.

La sabiduría es la aplicación del conocimiento. Si «sabes» pero no «haces», entonces no eres sabio. La sabiduría es el conocimiento de lo que es correcto y actuar justamente en ese conocimiento. La necedad es saber la verdad y no hacer nada o hacer lo contrario. La necedad es optar por permanecer apático en tu relación amorosa con tu esposa. La necedad es estar inactivo y ausente.

La Biblia es clara acerca de dónde proviene la sabiduría. La sabiduría comienza con el temor de Dios, y la Biblia dice que Él es quien da sabiduría con generosidad. Temer a Dios se manifiesta a través de tus acciones de la manera en que lo reverencias, con gestos motivados por un respeto profundo por Él. Por ejemplo, si afirmas saber lo que dice la Palabra de Dios, pero no lo haces, estás actuando tontamente.

¿Has pensado alguna vez que eras sabio, seguro de que ese camino era el correcto, e ignoraste, sin embargo, la verdad de Dios? El simple hecho de escuchar la Palabra de Dios no hace sabio a un hombre, sino que obedecer a Dios, permanecer en Él y hacer lo que Su Palabra dice son las características de un hombre sabio.

Para ser un esposo que proteja efectivamente su matrimonio y su familia, debes ser sabio. Con la sabiduría vienen el buen juicio, el discernimiento y la confianza para tomar decisiones que honrarán a Dios y bendecirán a tu familia. Medita en Proverbios 2 y considera todas las formas en que puedes buscar intensamente la sabiduría. Conoce la Palabra de Dios, escúchala y aplícala. Trabaja duro para buscarla y la encontrarás.

Persigue la sabiduría de Dios, no la sabiduría del mundo. La sabiduría de Dios no carece de nada, y la sabiduría del mundo no es más que simple tontería. Si deseas sabiduría, pídesela a Dios y te la dará con generosidad. Si tienes hambre de discernimiento y entendimiento, abre un Proverbio al día y estudia el poder de la sabiduría de Dios ejemplificada mediante el testimonio de Cristo. Al esforzarte por ser más semejante a Dios, al arrepentirte del pecado y obedecer Su Palabra, adquirirás sabiduría y te transformarás a causa de ella. Esta sabiduría será una bendición para ti y tu familia.

Querido Señor,

Deseo sabiduría. Pon temor de Ti en mi corazón. Lléname de Tu verdad y entendimiento. Señor, quiero guiar a mi familia en Tu sabiduría. Ahora veo que no puedo basado en mi propia sabiduría. Pido buscar tu rostro en cada situación y entregar mi vida a Tu voluntad. Lléname de sabiduría divina y dame fuerzas para actuar en la verdad de Tu Palabra. Ayúdame a aplicar Tu Palabra a mi vida siempre que tome una decisión, sea grande o pequeña. Ayúdame a ser un hombre de conocimiento, sabiduría y entendimiento. Ayúdame a comprender cosas profundas. Hazme inteligente y sabio.

¡En el nombre de Jesús, AMÉN!

Evalúa tu matrimonio y anota todos los campos en los que sientes que necesitas más sabiduría. Ora fervientemente por esta lista y toma notas cuando Dios te dé sabiduría en estos campos.

ACTUALIZACIÓN DE ESTADO: @husbandrevolution
Para ser un esposo que proteja efectivamente su matrimonio y su familia, debo caminar en sabiduría piadosa. #HusbandAfterGod

PREGUNTAS DEL DIARIO:
¿En qué casos has actuado según tu sabiduría y no en la sabiduría de Dios?

¿Cuáles son algunos aspectos de tu vida en los que deseas tener más sabiduría?

¿De qué manera el hecho de dedicarte a adquirir la sabiduría de Dios incide en tu matrimonio?

LAS PALABRAS IMPORTAN

Efesios 4.29; Proverbios 18.21; Proverbios 16.24;
Santiago 3, Mateo 12.33-37; Salmos 19.14;
Colosenses 3.8; Proverbios 12.18;
Lucas 6.45; Mateo 4.4

Dios se preocupa por las palabras. Él las inventó. También usó palabras para crear el mundo entero y el universo. La razón por la que Dios se preocupa por las palabras es porque son poderosas. Tu lengua, aunque es uno de los músculos más pequeños que tienes en tu cuerpo, es una de las herramientas más poderosas que guían tu vida. El impacto de tus palabras puede perdurar varias generaciones.

Los seres humanos han estado comunicando pensamientos e ideas entre sí utilizando palabras desde el principio del tiempo. La comunicación es un don que Dios te ha dado para que puedas expresarte y conectarte con los demás. Como esposo y como líder de tu hogar, tienes la responsabilidad de proteger y ofrecer un ambiente seguro para que la comunicación auténtica tenga lugar. Tú y tu esposa deben darse la libertad mutua para compartir aquello que es importante para ambos.

Sin embargo, en tu libertad, debes recordar que tus palabras son importantes. No solo tus palabras, sino también cómo expresas esas palabras. El tono en tu voz, tu lenguaje corporal y la actitud que motiva tus palabras, todo ello es importante.

La lengua tiene el poder de llevar vida y muerte.

¿Tus palabras están motivadas por un amor profundo? ¿O son producidas por el veneno de la amargura y la ira que residen en tu corazón?

Con tus palabras, puedes levantar a tu esposa o derribarla. La opción de utilizar tus palabras para esos dos propósitos diferentes se te ha confiado a ti. La Sagrada Palabra de Dios compara la lengua a un freno en la boca de un caballo y al timón de un barco, explicando cómo, aunque pequeña, la lengua dirige el sendero de un hombre. La Biblia también comparte una advertencia, comparando la lengua con un fuego; una pequeña chispa tiene el potencial de quemar un bosque entero. Tus palabras tienen ese mismo poder.

Tus palabras son también un reflejo de aquello en lo que cree tu corazón. Imagina a tus palabras fluir de tu corazón a través de tu boca. Haces saber lo que hay en tu corazón cada vez que hablas. Y ser sarcástico, seguido por «solo estoy bromeando», no cubre la verdad. Antes de poder cambiar la dirección y el propósito de tus palabras, primero debes cambiar lo que hay en tu corazón.

Solo Dios puede ayudarte a cambiar tu corazón a través del proceso de transformación. Cuanto más te acercas a Dios, mejor control tendrás sobre tus palabras. Cuanto más te acerques a Dios, tu corazón será refinado, lo que significa que tus palabras serán refinadas. Mientras busques la rectitud de esta manera, tus palabras reflejarán un corazón que busca el corazón de Dios, ¡y eso es poderoso! Si deseas ser un hombre de palabras vivificantes, debes conocer la Palabra, estar en la Palabra, creer en la Palabra, y ser sabio y aplicar la Palabra.

Tu matrimonio y el legado que estableces, en la autoridad de Dios, serán alimentados por las palabras que dices, y cómo se las dices a tu esposa e hijos.

Debes estar dispuesto a comunicarte de una manera suave, cariñosa y comprensiva. Sé un esposo que escucha sin distracción, que utiliza sus palabras para consolar y sanar, que disfruta hablando íntimamente de los asuntos profundos y serios. Deja que tus palabras sean una fuente de vida para tu esposa, un ministro del amor permanente de Dios.

Querido Señor,

Busca en mi corazón y mira si hay alguna malicia en mí. Mira si la ira o la discordia han llenado mi corazón. Retira cualquier carne muerta y renueva en mí un espíritu adecuado. Permite que las palabras de mi boca y la meditación de mi corazón sean aceptables en Tu presencia, mi Roca y mi Redentor. Espero pensar siempre antes de hablar. Purifica mis labios. Pido que los demás que sean bendecidos por mi discurso. Oro para que mi esposa sea bendecida con las palabras que le digo. Espero que mis palabras le revelen el amor que tengo por ella en mi corazón. Mejora y refina el contenido de mi discurso. Transfórmame de adentro hacia afuera. Utilízame para ser un hombre que dé vida a través de sus palabras.

¡En el nombre de Jesús, AMÉN!

Saca un momento hoy para compartir con tu esposa por qué estás agradecido por ella. Puedes decirlo, puedes escribirlo en una carta, puedes enviarle un mensaje de texto o cualquier otra forma de comunicarte con ella que le transmita tu mensaje.

ACTUALIZACIÓN DE ESTADO: @husbandrevolution Mis palabras pueden llevar vida o muerte y yo elegí llevar vida con ellas a mi esposa. #HusbandAfterGod

PREGUNTAS DEL DIARIO:

¿Tus palabras le dan vida a tu esposa o la derriban?

¿Por qué es importante ser responsable por tus palabras?

¿De qué manera tus palabras pueden fortalecer tu matrimonio?

LLAMADO

1 Pedro 1.15, 16; 1 Corintios 6.12-20; Mateo 22.37-40;
Gálatas 1.15; Salmos 4.3; 1 Pedro 2.9; Romanos 12.2

Jesús escogió a cada uno de los hombres que serían Sus discípulos. Los invitó a participar en Su ministerio y a seguirle. Jesús viajó con estos hombres, sacando tiempo en diferentes lugares para predicar la verdad de Dios. Jesús no llamó a estos hombres para seguirlo de modo que Él pudiera tener algunos amigos de viaje; Él los llamó para poder cambiarlos y convertirlos en discípulos. Él aprovechó la oportunidad para llamarlos por su incredulidad, por su pecado, e incluso por sus actitudes. Jesús los amó, y luego los llamó.

Hay personas en este mundo que no les gusta ser amonestados por Dios. Cuando esto sucede, se ofenden, ceden a su ira, se quejan, justifican su comportamiento y luchan por sus deseos carnales. Ellos combaten contra Jesús y contra sus enseñanzas porque no quieren someterse a Dios. La cultura de este mundo está quedando fuera de control, criando a una generación que está dando la espalda a Dios.

Con las inevitables presiones en este mundo capaces de perseguirte hasta el punto del agotamiento e incluso de la persecución, es crucial que sepas con confianza quién eres llamado a ser según tu Hacedor, tu Dios, tu fuente de fortaleza. Él revela quién eres llamado a ser por medio de Su Palabra.

Tú eres Su hijo y heredero, adoptado mediante la resurrección de Cristo. Él te conoce por tu nombre, y te ha llamado para ser Suyo.

Él te guía para ser un hombre fiel que defiende los estándares bíblicos de la verdad. A medida que leas la Palabra de Dios, comenzarás a reconocer los llamados específicos que Él tiene para ti.

ESTOS SON ALGUNOS:

- Estás llamado a ser un proveedor. (1 Timoteo 5.8)
- Estás llamado a ser un hombre de la Palabra. (Salmos 1.1-6)
- Estás llamado a ser cabeza. (Efesios 5.23)

Estos son solo tres de los muchos ejemplos mencionados en la Palabra de Dios acerca de quién eres llamado a ser. Cada llamado sirve como una guía para ayudarte a definir quién te creó Dios para ser. Entender quién te llama a ser Dios y vivir intencionalmente para cumplir con cada llamado te hará más cercano a Él, especialmente cuando buscas Su Palabra y meditas en ella.

Tu relación con tu esposa también se profundizará y fortalecerá a medida que seas transformado en Cristo y crezcas en Su semejanza. Tu esposa será bendecida a través de los cambios piadosos que ocurren en tus acciones, actitudes y palabras. No dudes en explorar a quién te llama a ser Dios, y no dudes en responder al llamado aceptando Su verdad y actuando con sabiduría para vivir dedicado a todo aquello que Él ha ordenado. Conoce los Diez Mandamientos y la enseñanza de Cristo.

También es vital que no intentes aislarte de la hermandad de una comunidad fiel. Invita a los hombres temerosos de Dios a ser tus amigos, a recorrer esta vida contigo. Pídeles que siempre te hagan responsable de tu fe, tu matrimonio y tu familia. Dales permiso para advertirte de tu comportamiento y de cualquier pecado que vean en tu vida. Afínense unos a otros, anímense unos a otros, sean hombres de luz y compañeros de valor para luchar juntos, en comunidad, en la buena batalla de la fe.

Has sido llamado a destacarte del mundo. Vive tu llamado audazmente, porque tu vida es un testimonio de Jesucristo. A través de ti y de tu matrimonio, otros encontrarán esperanza y salvación mientras los señalas a Dios.

Querido Señor,

Gracias por llamarme a Ti y amonestarme. Espero obedecer Tu llamado para destacarme. Señor, enséñame lo que tu Palabra dice de mí. Pido adoptar las cosas que Tú dices acerca de mí como verdades en mi vida. Ayúdame a caminar cerca de Tus pasos y a no tropezar. Ruego para convertirme en el hombre que Tú me has llamado a ser, no solo para ti, sino también para mí y para mi esposa. Ayúdame a responder con un corazón humilde cuando otro hermano en Cristo me avise o si mi esposa me avisa del pecado en mi vida. Ayúdame a ser receptivo. Ayúdame a escuchar. Ayúdame a arrepentirme. Oro para que mi esposa y yo encontremos valor en una comunidad piadosa.

¡En el nombre de Jesús, AMÉN!

Crea una lista de versículos que describan lo que Dios te está llamando a ser como esposo y como hombre, y luego ora por ello pidiendo a Dios que lo haga realidad en tu vida. Comienza con los tres versículos enumerados arriba.

ACTUALIZACIÓN DE ESTADO: @husbandrevolution He sido llamado por Dios a ser un hombre que guía a su familia hacia la rectitud. #HusbandAfterGod

PREGUNTAS DEL DIARIO:

¿Por qué es importante conocer los Diez Mandamientos?

¿De qué manera provees para tu familia?

¿Qué desafíos experimentas cuando otros o tu esposa te avisan del pecado en tu vida?

ORACIÓN POR TI

Colosenses 4.2; Hebreos 5.7; Mateo 6.9-13;
2 Crónicas 7.14; Juan 14; Juan 15, Filipenses 4.6

Las relaciones son extremadamente importantes para Dios. Él te creó con el propósito de que tengas una íntima amistad con Él, así como una relación íntima con tu esposa. La comunicación es un componente vital para tener una relación sólida. Así como tu matrimonio no se sostendrá si no te comunicas diariamente con tu esposa, tampoco puedes tener una relación con Dios si no estás dispuesto a comunicarte con Él. Dios no quiere que solo creas en Él, Él quiere que te involucres con Él, y la oración es la manera de hacerlo.

A través de la oración, puedes agradecerle, pedirle y compartir con Él todos los detalles de tu vida. No hay nada que sea demasiado grande que sea imposible de manejar para Él, y nada que sea demasiado pequeño que Él quiera que tú dejes a un lado. Dios quiere saber de ti todos los días. Cuando pasas tiempo orando, te acercarás a Dios y Él se acercará a ti. Jesús demuestra cómo orar en Mateo 6. Medita sobre esta parte de las Escrituras y utilízalas como una guía cuando aprendas a orar. También has tenido la oportunidad de orar al final de cada capítulo a lo largo de este devocionario. ¡Cada oración sirve para animarte y guiarte en la manera de orar tú mismo, así como en la manera de orar por tu esposa!

La oración debe ser una prioridad en tu vida y en tu matrimonio. Establecer una disciplina de oración diaria mantendrá tu corazón alineado con la voluntad de Dios, y tus ojos enfocados en Él. Asegúrate de compartir con Dios por qué estás agradecido por tu esposa. ¡Ella es un regalo de Él!

¡Hay poder en la oración!

A medida que oras por la transformación de tu carácter, comenzarás a ver el cambio, y cuando pidas comprensión, adquirirás sabiduría. Revelar tu corazón a Dios por medio de la oración es una manera esencial de experimentar una intimidad extraordinaria con Dios.

Cultivar una gran comunicación es vital para cualquier relación próspera. Sé deliberado acerca de buscar el tiempo todos los días para orar por ti mismo. Comparte con Dios acerca de tu vida, acerca de tus emociones, acerca de la condición de tu corazón, acerca de las necesidades que tienes, acerca de tu agradecimiento, acerca de las oraciones respondidas, acerca de cualquier cambio que estés experimentando, acerca del cambio que deseas experimentar y acerca de Su voluntad. Puedes orar en voz alta, o puedes orar en tu corazón; ¡Dios oye a ambos! También, sé deliberado acerca de escuchar a Dios. Él te responderá, tal vez de maneras diferentes y únicas, pero Él responderá.

Querido Señor,

Gracias por el regalo de la oración. Valoro poder venir y compartir mi corazón contigo. ¡También tengo la bendición de poder elevar mis peticiones a Ti! La oración construye mi fe en Ti, me lleva cerca de Ti, y me recuerda buscarte a diario. Por favor, pon pasión en mi corazón para orar todos los días. Espíritu Santo, por favor ayúdame a entender mejor la oración y dame la disciplina para pasar tiempo de calidad hablando contigo. Oro para que sigas transformando mi carácter. Para que me moldees en el hombre y el esposo que Tú me creaste para ser. Lléname con Tu sabiduría, Tu paciencia, Tu bondad y Tu gran amor. Oro para reflejar tu imagen y para que los demás me pregunten por qué tengo alegría. Oro para que en ese momento me des el valor y las palabras para compartir Tu increíble historia de amor, ¡Tu Evangelio! ¡Dame oídos para oírte! Ruego que me protejas del enemigo. Guarda mi mente contra la tentación, ayúdame a permanecer firme en la fe, y defiéndeme contra este mundo oscuro. ¡Gracias por darme tanto! ¡Todo lo que necesito eres Tú! Que tu voluntad sea hecha en mí y por mí.

¡En el nombre de Jesús, AMÉN!

Comienza un diario de oraciones para hacer un seguimiento de ellas, y asegúrate de agregar las respuestas a esas oraciones. Es bueno reconocer cuándo son respondidas las oraciones para que veas la fidelidad de Dios. Adicionalmente, saca tiempo durante todo el día para orar por ti mismo.

ACTUALIZACIÓN DE ESTADO: @husbandrevolution Hay poder en la oración y usaré ese poder en mi matrimonio y en mi vida. #HusbandAfterGod

PREGUNTAS DEL DIARIO:
¿Por qué es importante orar todos los días?

¿Cómo te han impactado las oraciones guiadas en este devocionario?

¿De qué manera puedes aumentar el tiempo de calidad para orar con Dios?

ORACIÓN POR TU ESPOSA

1 Tesalonicenses 5.16-18; Santiago 5.13-16;
Efesios 6.12; Romanos 8.26

Orar por tu esposa es una de las formas más poderosas en que puedes protegerla. Orar por tu esposa significa que acudes ante Dios, pidiéndole que entre en su corazón e implorándole que la proteja.

Ofrecerle tu corazón a Dios en la oración alinea tu voluntad con Su voluntad, tus deseos con Sus deseos. Cuando oras por tu esposa, estás invitando a Dios a promulgar Su voluntad en tu matrimonio.

Mientras pasas tiempo orando por tu esposa, asegúrate de que tus motivos sean puros y que el cambio que deseas ver en tu esposa la acercará hacia Dios. Sé deliberado acerca de orar para que tu esposa experimente una intimidad extraordinaria con Dios y para que aprenda más sobre los caminos de Dios. Que tus intenciones se basen en día fe de que tu esposa madurará en la mujer y en la esposa que Dios creó para ser.

Orar con tu esposa es una de las maneras más significativas en que puedes guiarla espiritualmente. No permitas que los pensamientos de egoísmo o inseguridad te impidan empezar a orar con tu esposa. Ella necesita que la guíes en la oración. Ella necesita saber que tienes el coraje de orar por ella y por tu matrimonio. Orar con y por tu esposa construye confianza en tu matrimonio, y seguridad en el corazón de tu esposa.

Orar por tu esposa y con tu esposa todos los días es fundamental. La oración requiere humildad, por lo que al dedicarte a la oración estás manteniendo tu corazón blando hacia tu esposa y eres consciente de sus necesidades. Así, estarás cultivando una atmósfera de intimidad, donde el egoísmo y el orgullo no pueden derribar tu matrimonio.

Cuando oras por tu esposa, comienza dando gracias a Dios por su vida. A continuación, eleva cualquier necesidad que tenga e implora siempre la protección de Dios sobre ella.

Recuerda que eres un guerrero en una batalla muy real, una batalla que no es contra la carne y la sangre, sino contra las fuerzas del enemigo. La oración es tu arma para defender la causa de Cristo, Su testimonio y el corazón de tu esposa.

Aunque esta batalla combate contra ti, ten en cuenta que también está atacando constantemente a tu esposa, tratando de debilitarla y de arruinar tu relación con ella. Permanece en la fuerza de Dios, pelea por tu matrimonio y usa diligentemente tu arma de la oración. Ora por el alma de tu esposa, insiste en que Dios la bendiga, la estimule todos los días y llene su corazón de alegría. Aprovecha la oportunidad que tienes para suplicar a tu Rey y Comandante las fuerzas para luchar la buena batalla con una plegaria fiel.

Querido Señor,

Gracias por mi esposa. Gracias por su corazón, su salud y su amor por mí. Recuérdame elevarla en oración a Ti diariamente e incluso de un momento a otro. Ruego ahora mismo que Tú la bendigas. Utiliza a la gente alrededor de ella, incluyéndome a mí, para afirmarla. Pido que ella sea animada a buscarte diariamente para su fortaleza y consuelo. Que tu Espíritu Santo transforme su carácter para que ella te refleje a Ti, Señor. Ayúdala a mejorar en las zonas donde ella es débil y continúa fortaleciéndola cada día. Que ella se acerque a Ti y que Tu voluntad sea evidente en su vida. Oro contra los poderes de este mundo oscuro, oro contra las tentaciones, oro contra los planes del enemigo que tratan de atacar a mi esposa. ¡Oro por protección en el nombre de Jesús! Revélale Tu sabiduría y Tus verdades. Que su alma te conozca bien. Ruego poder ayudarla e inspirarla todos los días.

¡En el nombre de Jesús, AMÉN!

Pasa tiempo orando por tu esposa. Comparte con Dios por qué estás agradecido por ella, eleva cualquier necesidad que pueda tener, ora para que su carácter refleje a Cristo, y pídele a Dios que la proteja.

ACTUALIZACIÓN DE ESTADO: @husbandrevolution Encuentro una gran alegría en elevar diariamente a mi esposa en oración al Señor. #HusbandAfterGod

PREGUNTAS DEL DIARIO:

¿De qué manera la oración por tu esposa impactará positivamente tu matrimonio?

¿Cuáles son algunas cosas específicas por las que sabes que tu esposa necesita orar?

¿Qué temores tienes, en caso de ser así, acerca de acudir a tu esposa y orar por ella en voz alta?

ORACIÓN POR TU MATRIMONIO

Eclesiastés 4.12; Mateo 18.20;
Romanos 12.11-13; 1 Timoteo 2.8

Cada día se te dan opciones. Cuando tomas decisiones, estás eligiendo qué impacto quieres tener en ti y en tu familia. Tus opciones revelan si tu objetivo es construir o derribar.

Tu matrimonio es una de las primeras cosas que se ve directamente afectada por tus opciones de cada día. Tu matrimonio es un pacto establecido por ti y por tu esposa. Aunque está basada en un gran amor mutuo, tu relación matrimonial no es impenetrable, blindada, ni es inmune a las influencias de este mundo. Debes recordar que tu matrimonio siempre será un objetivo vulnerable del enemigo. Debes tomar medidas para proteger tu matrimonio y fortalecerlo, centrándolo en Dios a través de la oración. Habla con Él acerca de tu matrimonio y ora fervientemente para que Dios te ayude a construir una base sólida para tu matrimonio. Comienza a construir hoy las bases de tu matrimonio por medio de la oración. Orar por tu matrimonio todos los días fomentará tu fidelidad, traerá paz a tu hogar, y le dará a Dios la oportunidad de cumplir Su voluntad en ti y por medio de ti como esposo. Sométete a Dios por medio de la oración y Él se dará a conocer a ti y a tu esposa.

Construir una base sólida de oración en tu matrimonio es una prioridad. Como esposo, es tu responsabilidad guiar a tu esposa de esta manera. Orar con tu esposa es una de las experiencias más íntimas que alguna vez encontrarás porque ustedes dos acuden juntos ante Dios. Jesús dice que cuando dos o más individuos están reunidos en su nombre, Él está allí con ellos. Por lo tanto, cuando guías a tu esposa en la oración, reuniéndote en Su nombre para orar, ¡Cristo está allí!

No te desanimes si tu esposa se niega a orar contigo. No te sientas frustrado, enojado o molesto. Entiende que tu relación personal con Dios estará muy influenciada por tu relación personal con Dios. Tu obediencia a Dios nunca debe depender de las acciones o respuestas de tu esposa. Anímala a orar, y si ella se niega, busca un lugar tranquilo para pasar con el Señor y orar por ella. Confíale a Dios el corazón de tu esposa y ten fe de que algún día podrás experimentar la oración con ella.

La oración requiere humildad, y al practicar la oración con tu esposa, se hará más confortable. Designa un tiempo todos los días para la oración e invita siempre a tu esposa a unirse a ti. Agradece a Dios por las cosas específicas que suceden en tu vida y luego eleva tus peticiones a Él. Ora por el día y por los planes que han hecho tú y tu esposa, oren para que sus corazones sean sensibles a Dios y a los demás, oren por las luchas que los tientan, oren por la protección de su relación y oren siempre para que Dios les enseñe a amar mejor. Invita a Dios a ser parte de tu matrimonio, a caminar a tu lado, y pídele que te lleve en los días difíciles. Cuando tú y tu esposa están teniendo un día difícil, ya sea debido a un conflicto o tal vez a problemas de salud o a cualquier otra razón, ¡suspendan todo y acudan juntos a Dios en oración! ¡Dedíquense a orar por su matrimonio y experimenten juntos una intimidad extraordinaria con su Hacedor!

Ser un constructor sabio y fortalecer intencionalmente la base de tu matrimonio contribuirá a la calidad general de tu vida. La base de tu matrimonio también contribuirá al legado que dejas mucho después de que tu tiempo en la Tierra haya terminado. Sé deliberado y considera el impacto de tus decisiones. Eres responsable de tus acciones. Elige ser un hombre que ora.

Querido Señor,

Gracias por concebirme con la capacidad de construir. Oro para construir mi matrimonio y mi familia, comenzando con la oración. Ayúdame a guiar a mi esposa iniciando la oración. Enséñame a orar. Enséñame cómo ser fiel a la oración diaria. Te ruego que me des un fuerte deseo de orar todos los días. Pido que a medida que mi esposa y yo oramos juntos, nuestro matrimonio se vea fortalecido. Por favor, ayúdanos a construir la base de nuestro matrimonio para que nuestro amor sea duradero. Oro por los ataques del enemigo contra nuestro matrimonio. Que sus planes vacilen y no fructifiquen. Oro contra cualquier ataque que él pueda perpetrar contra mi esposa. Protege su corazón y su mente. Pido que mi esposa esté dispuesta a orar conmigo y que ella sea bendecida al orar juntos. Ruego que la relación de mi esposa con Ti crezca más. Revélatele de manera poderosa. Gracias por nuestro matrimonio y gracias por el don de la oración. ¡Que te honremos y te glorifiquemos en todo lo que hagamos!

¡En el nombre de Jesús, AMÉN!

Invita a tu esposa a orar contigo por tu matrimonio. Estos son algunos aspectos del matrimonio por los que puedes orar: la intimidad, la restauración, la confianza, el perdón, los hijos, las finanzas, el diezmo, la salud, la familia, los suegros, el trabajo, la vivienda, los pasatiempos. Si ella rechaza tu invitación, busca un lugar tranquilo y ora solo. Ora por tu matrimonio y por tu esposa.

ACTUALIZACIÓN DE ESTADO: @husbandrevolution Me comprometo a orar diariamente por mi matrimonio. #HusbandAfterGod

PREGUNTAS DEL DIARIO:

¿Cómo puede el hecho de orar con tu esposa construir un matrimonio centrado en Dios?

¿Qué te impide pedirle a tu esposa que ore contigo?

¿Qué cambios deben hacerse para que puedas orar diariamente con tu esposa por tu matrimonio?

UNIDAD EN CRISTO

Juan 17, Efesios 4; Filipenses 1.27; Filipenses 2.2;
Romanos 12.3-13; Romanos 15.1-7;
1 Pedro 3.8; Hebreos 10.24, 25; Hechos 2.42-47;
1 Tesalonicenses 5.14; 1 Corintios 12.26

A tu enemigo le encanta fomentar el aislamiento. Es como un león que acecha a la joven gacela que se aleja un poco de la manada. El aislamiento y la oscuridad son un caldo de cultivo para el pecado y la muerte. Un matrimonio piadoso nunca puede prosperar en el aislamiento. No te dejes engañar y pensar que tú y tu esposa pueden estar en la voluntad de Dios y tener una vida que sea completamente autónoma y sin responsabilidad. Sí, puedes elegir vivir de esta manera, pero estarás poniendo tu matrimonio y caminarás con Cristo en peligro. No seas como esa gacela joven.

Dios creó la comunidad para proteger a los individuos en ella. Cuando un miembro sufre, todos sufren juntos; cuando uno recibe honores, todos celebran. Tú y tu esposa, como creyentes, no están separados del resto del cuerpo de Cristo. Dios desea que tu matrimonio sea una parte activa y valiosa de Su cuerpo. No solo para contribuir al bienestar y fortalecimiento de tus hermanos y hermanas, sino también para ser alentados, fortalecidos y mejorados como pareja. Esta idea no consiste en que lleves una vida comunal, sino que tengas una mente y un espíritu que se esfuercen por alcanzar la unidad y la semejanza con la iglesia.

Tu unidad con tu esposa es una imagen pequeña de esta gran unidad que compartes con el resto de la iglesia. Del mismo modo, ni tú ni tu esposa pueden decidir vivir vidas separadas el uno del otro y pensar que tu matrimonio puede continuar, ni tampoco pueden vivir aislados del cuerpo de los creyentes. ¿Sabes que Jesús oró para que tú y el resto de la iglesia fueran uno, así como Él y Dios son uno, perfectamente uno? Jesús desea que entiendas y busques la unidad con otros cristianos, así como Él tiene unidad con Dios.

En la cultura actual, es muy aceptable vivir una vida secreta y privada. A nadie se le permite juzgarte o decirte qué hacer. Nadie mira ni ve lo que está pasando en tu vida y en tu matrimonio. Esta manera de vivir es la manera en que vive el mundo, no la manera en que viven los seguidores de Jesús, no la manera en que viven los hombres bíblicos.

Comienza a orar y pídele a Dios que lleve a otras parejas temerosas de Dios a tu vida. Busca relaciones con otros esposos cristianos que lleven más tiempo casados que tú. Deja que te inspiren a las obras buenas y a la santidad. Forja amistades con personas que no tengan miedo de decirte la verdad con amor, de llamarte cuando no estés amando bien a tu esposa y de animarte cuando ella no te respete. Personas con las que puedas reírte y que te permitan desahogarte cuando sea necesario. Matrimonios que orarán por ti y lucharán por tu matrimonio cuando tengas ganas de darte por vencido; esto es lo que Dios quería que fuera el objetivo de la comunidad. Deja de evitarlo y comienza a invitarlo.

Querido Señor,

Gracias por crear comunidad y por darme a mí y a mi matrimonio una oportunidad de ser parte de un cuerpo que es más grande que nosotros. Yo sé que Tú amas a Tu iglesia y a todas las partes de ella. Señor, lleva más matrimonios temerosos de Dios a nuestras vidas para que podamos crecer en comunidad y madurar como cristianos. Remueve cualquier temor o reserva que tengamos y reemplaza cualquier duda o inseguridad con confianza en Tu plan para nuestras vidas. Señor, deseo guiar a mi familia en una cultura que Tú creaste, una cultura de comunión y unidad.

¡En el nombre de Jesús, AMÉN!

Únete a un pequeño grupo en tu iglesia local y sé deliberado acerca de conocer a las otras parejas casadas en él. Ora para que Dios lleve a una pareja casada cristiana y madura a entrar en tu vida.

ACTUALIZACIÓN DE ESTADO: @husbandrevolution Dios desea que mi matrimonio sea una parte activa y valiosa de la iglesia. #HusbandAfterGod

PREGUNTAS DEL DIARIO:
¿Por qué el enemigo desea que vivas una vida aislada del resto del cuerpo de creyentes?

¿Qué temores o dudas podrías tener al permitir que otros cristianos se acerquen a ti y a tu matrimonio?

¿Qué beneficios puedes ver al compartir con una comunidad piadosa de otros matrimonios?

LAS PARTES DEL MATRIMONIO

Génesis 2.24; 1 Corintios 12.12-27; Efesios 5.28-33

El cuerpo humano, íntimamente diseñado, es un compuesto de diferentes partes; un pie, un oído, un ojo son todas partes individuales, que trabajan junto a otras para cumplir con su función y la de todo el cuerpo en su conjunto. Del mismo modo, y como cristiano, te conviertes en un miembro del cuerpo de Cristo, trabajando junto con otros creyentes para cumplir la voluntad de Dios. Aunque cada uno recibe un conjunto diferente de dones por parte del Espíritu Santo, trabajan en unidad y en obediencia a Dios. Como cristiano, Dios te ha llamado a amar y a respetar el cuerpo de Cristo. A tratarse mutuamente con respeto, a animarse unos a otros con afirmación y a cuidar unos de otros con el conocimiento de que cada parte es valiosa, de que cada parte es digna. Más aún, cuando un esposo y una esposa entran en la relación de pacto del matrimonio, se convierten en una sola carne. Así como un cuerpo cuida sus partes, y Jesús cuida Su cuerpo, así también el esposo y la esposa son responsables de cuidarse el uno al otro, ya que ahora representan una sola carne, un solo cuerpo, un solo matrimonio.

Eres responsable de tu parte, y tu esposa es responsable de la suya. Aunque ustedes son seres individuales con diferentes preferencias, rasgos, opiniones y características, Dios los concibió para poder trabajar juntos en unidad. Aunque tú y tu esposa son individuos, ustedes no son independiente el uno del otro. Ustedes se pertenecen el uno al otro.

Un matrimonio próspero construido en la unidad requiere humildad, desinterés y amor incondicional. Con estos tres atributos alimentando tu corazón, nunca te cansarás de trabajar como uno con tu esposa, valorándola todos los días de su vida.

Sé consciente de cómo está tu cuerpo como un todo, de cómo está tu matrimonio. Si una parte sufre, cada parte sufre con ella. Si una parte es honrada, todo el cuerpo se alegra. Si tu esposa está sufriendo, permanece a su lado, ayuda a sostenerla con la compasión que motiva tu corazón. Si tu esposa recibe honores, elogios o tal vez una promoción, celebra con ella. Sé un esposo deseoso de satisfacer las necesidades de tu esposa, sabiendo que el resultado beneficiará a tu matrimonio en su conjunto. Nunca dejes de intentar, nunca dejes de amar, nunca te rindas.

Querido Señor,

Gracias por la ilustración de cómo todos los creyentes forman un cuerpo, Tu cuerpo. Todos tenemos propósitos diferentes, todos somos hechos y dotados de una manera única, y todos tenemos roles distintos, pero todos somos significativos. Gracias por mostrarme eso. Señor, ayúdame a recordar cada día que mi esposa y yo somos un solo cuerpo. Utiliza esta revelación para transformar mi manera de ver mi matrimonio. No somos dos individuos, sino una entidad que trabaja para hacer avanzar Tu reino en el mundo. Somos una unidad destinada a transmitir Tu gloria y honor. Gracias por este regalo que es mi matrimonio.

¡En el nombre de Jesús, AMÉN!

Encuentra una manera de bendecir el cuerpo de Cristo, ya sea alentando a alguien o satisfaciendo una necesidad. Adicionalmente, haz algo para bendecir tu cuerpo y tu matrimonio.

ACTUALIZACIÓN DE ESTADO: @husbandrevolution Amaré a mi esposa como mi propio cuerpo, apreciando su corazón y alimentando su alma como Cristo lo hace con la iglesia. #HusbandAfterGod

PREGUNTAS DEL DIARIO:

¿Qué quiere decir la Biblia con que tú y tu esposa se conviertan en uno?

¿Cómo se manifiesta 1 Corintios 12.26 en tu matrimonio? Comparte ejemplos.

Así como cuidas tu cuerpo diariamente, ¿cuáles son algunas de las cosas que puedes hacer para cuidar tu matrimonio diariamente para preservarlo y mantenerlo saludable?

EL ORDEN DE DIOS

Éxodo 20.3; 1 Corintios 14.33; 1 Corintios 11.3;
Efesios 5.23; Romanos 13.1, 2; 1 Corintios 7.4;
Génesis 1.28; Mateo 28.18; Juan 19.10, 11,
1 Timoteo 2; Mateo 20.28; Marcos 10.7-9; Marcos 10.41-45

Nuestro Dios es un dios del orden. Él esboza en Su Palabra el orden en el cual debes operar como un hombre de fe. Cuanto más pases tiempo leyendo la Biblia, más comprensión obtendrás respecto al orden divino de Dios. Con el Espíritu Santo guiándote, tu vida producirá piedad, y desearás operar en el orden y la autoridad dados por Dios.

Toda autoridad se deriva de Dios.

La autoridad no proviene de tu interior. Tú no puedes concederte autoridad. La autoridad es dada y confiada a ti por Dios a través de Cristo. La cabeza de autoridad de tu esposa eres tú, tu cabeza de autoridad es Cristo, y la cabeza de autoridad de Cristo es Dios. Esto está consignado en las Escrituras según el orden de Dios.

Es fundamental que te tomes en serio la autoridad conferida a ti, reconociendo quién es tu autoridad y de dónde proviene. Ser un hombre de orden divino y guiar a su familia en los caminos de Dios requiere autoridad. Sin embargo, nunca debes usar la autoridad que tienes para maltratar a alguien o abusar de él. Tu autoridad no es una herramienta para someter a otros a tu voluntad. Tu autoridad no te fue concedida para poder ser un esposo y padre controlador y manipulador. Tu autoridad es el poder que se te da para cumplir la voluntad de Dios, y tú eres responsable ante tu cabeza, que es Cristo.

Recuerda adquirir una comprensión de cómo utilizar mejor tu autoridad estudiando a Jesucristo, tu modelo y cabeza. La Palabra de Dios dice que Jesús no vino para ser servido, sino que vino para servir. Nunca debes imponer tu autoridad sobre los demás o ejercerla por fuera de la voluntad de Dios para beneficios egoístas. Con la autoridad que te han dado, sirve a otros con amor. Llévelos más cerca del Padre Celestial, tal como hace Jesús.

Dios desea que operes apropiadamente a partir de la autoridad concedida a ti desde arriba para cumplir con tu papel como cabeza de tu hogar. Eres responsable ante tu esposa e hijos; para modelarles la piedad y enseñarles los caminos de Dios.

En el orden de Dios, Él dice que tú eres la cabeza de tu esposa. Tu relación con tu esposa es la segunda prioridad más importante en tu vida. Guíala con confianza. Apréciala y ámala. Si Cristo es tu cabeza y decides no someterte a Él, no puedes esperar que tu esposa se someta a ti. Sin embargo, si te sometes a Cristo y ejercitas tu autoridad para cumplir con todo lo que Dios te ha ordenado, será extremadamente difícil que tu esposa no quiera someterse a ti.

Ser un hombre de fe, un guerrero, un protector, un hombre valiente y poderoso de valor, un hombre piadoso, requiere un corazón en busca de Dios. Cuando te sometes al orden de Dios y a la autoridad de Dios, tu vida será transformada. Tendrás una gran comprensión de tu propósito y del papel que te han sido dados en esta vida. Ordena tu vida según la Palabra de Dios y establece el orden en todo lo que haces. Al ser un hombre fiel y de orden, reflejas el carácter de Dios, eres un embajador del testimonio de Cristo, brindas seguridad y confianza dentro de tu familia, y una reputación respetable entre muchos.

Querido Señor,

Gracias por Tu orden divino. Tengo tanta seguridad al saber que no eres un Dios de confusión o de caos. Gracias por confiarme autoridad para guiar a mi esposa y a mi familia. Entiendo la seriedad de la autoridad que me has dado para cumplir con Tu propósito para mí como jefe de mi hogar. Pido no ejercer nunca la autoridad que se me ha concedido para razones personales o egoístas. Ruego utilizar esta autoridad con autocontrol para proteger y proveer a mi familia, mientras les enseño Tus caminos. Oro para poder servirles con humildad. Ruego que pueda brindar seguridad y confianza a mi familia. Que tu Espíritu Santo me ayude a aprender a ser oportuno y justo mientras entrego mi corazón a Ti en sumisión. Pido ser un hombre de orden que refleje Tu orden a través de mi conducta de la fecundidad en mi vida. Pido poder amar a mi esposa incondicionalmente como Cristo ama a Su esposa. Que seas glorificado por los siglos de los siglos.

¡En el nombre de Jesús, AMÉN!

Medita en la enormidad de esta revelación. Tu autoridad se deriva de Cristo. Él es ante quien estarás de pie y rendirás cuentas de cómo guías a tu esposa e hijos.

ACTUALIZACIÓN DE ESTADO: @husbandrevolution Ordena tu matrimonio y tu vida según la Palabra de Dios. #HusbandAfterGod

PREGUNTAS DEL DIARIO:
¿Cómo ayuda el orden a brindar seguridad a una familia?

¿Qué ejemplos modeló Jesús para ti sobre cómo amar mejor a tu esposa?

¿De qué manera luchas con utilizar tu autoridad para beneficios egoístas?

EVITANDO A DIOS

Génesis 3.8; Jeremías 17.10; Jeremías 23.24; 1 Crónicas 28.9; Hebreos 12.1-6; Santiago 4.17; Proverbios 28.13; 1 Juan 1.8-10; Gálatas 5.19-21; 2 Timoteo 2.22; Lucas 8.17; Romanos 6.23; Romanos 12.1, 2; Proverbios 18.1

Cuando el primer hombre pecó contra Dios, se escondió. Adán sabía que lo que había hecho estaba mal. La vergüenza y la culpa inundaron su corazón y su mente. La unidad y la intimidad con Dios se rompieron. Adán se escondió porque no quería que Dios supiera lo que había hecho y no quería enfrentar las consecuencias de sus acciones. Adán evitó a Dios.

¿Te has estado escondiendo de Dios? ¿Lo evitas debido a la vergüenza del pecado? ¿Hay zonas de tu vida en las que guardas un secreto de Él?

El pecado arruinará tu relación con Dios. El pecado destruye la intimidad y te mantiene agobiado por el miedo, la vergüenza y la culpa. El pecado te convencerá de que no eres digno de orar o de estar en presencia de otros creyentes. El pecado te hará sentir incómodo ante la presencia de la santidad. El pecado te convencerá de aislarte de Dios, de tu esposa y de tu comunidad. El pecado es oscuridad. La consecuencia del pecado es la muerte.

Sin un corazón arrepentido, el pecado te consumirá y te destruirá a ti y a tu matrimonio.

El pecado comienza como un pensamiento y luego se desplaza hacia el corazón como una intención que se realiza a través de acciones.

Cuando el primer hombre pecó contra Dios, se escondió con su mujer. Juntos se escondieron de Dios. Adán no estaba solo cuando pecó. Aunque eligió pecar de manera independiente, su esposa fue una influencia en su vida. Luego se escondieron juntos de Dios. Un esposo y una esposa tienen una gran habilidad para influirse mutuamente. Incluso con esa capacidad pueden optar por influir en la piedad o pueden influir en la impiedad. La influencia brota de sus acciones, comportamientos y palabras.

Tienes la capacidad de influir en tu esposa. Tu comportamiento dictará la forma en la que estás influyendo en ella. Como cabeza de tu esposa, eres responsable de cómo influyes en ella. Un esposo sabio influirá en su esposa para que dirija su corazón hacia Dios, y no lejos de Él.

Un hombre fiel enfrentará su pecado, se arrepentirá de su maldad y reconciliará su corazón con Dios. Un hombre justo resistirá la tentación de pecar con cada fibra de su ser. Como un hombre en busca de Dios, un hombre que desea adorar y agradar a Dios, un hombre que sea en sí mismo un sacrificio vivo santo y aceptable, un hombre que tenga una relación íntima con Dios, experimentará el extraordinario milagro de la transformación y la santificación. Experimentarás la victoria que solo existe en Cristo. La victoria sobre las fortalezas y el pecado. La victoria en tu matrimonio. La victoria con tus hijos.

Victoria tras victoria tras victoria. No eres víctima de tu pecado. El pecado no te sucede sin tu consentimiento. No creas esta mentira de que sigues siendo esclavo del pecado. No, tú has sido liberado del pecado y te has convertido en esclavo de la rectitud.

Aunque Adán se escondió de Dios, Él lo encontró. Incluso si intentas esconderte, Dios te encontrará. Todo lo que está en la oscuridad quedará expuesto por la luz.

Querido Señor,

Oro para no esconderme de Ti. Te ruego que Tu luz llene toda mi vida y que cualquier cantidad de oscuridad huya lejos de mí. Señor, ayúdame a abrir mi corazón a Ti para que puedas llegar a conocerme. Me arrepiento del pecado en mi vida, y te pido que me liberes de toda esclavitud. Pido que mientras influyo en mi esposa, solo sea hacia la rectitud. Oro para poder ser un buen ejemplo para mi esposa, una persona en la que ella pueda confiar y admirar. Que mi carácter sea un reflejo de Tu Santo carácter. Ruego que mi vida refleje Tu testimonio y que mi matrimonio sea un poderoso mensaje de Tu habilidad para sanar y restaurar. Ayúdame a no ser oprimido por sentimientos de vergüenza, derrota, inquietud, miedo o culpa. ¡Oro por la libertad! Pido que la verdad llene mi corazón. Ruego que nunca mienta y nunca me esconda más de Ti o de mi esposa. Gracias por Tu luz increíble y por Tu gracia. Oro para ser un hombre de fidelidad.

¡En el nombre de Jesús, AMEN!

DESAFÍO:

¿Hay algo que necesites confesar? Saca tu pecado a la luz, confiésalo y arrepiéntete ante Dios y tu esposa. Sí, esto será incómodo, tal vez incluso doloroso, pero valdrá la pena.

ACTUALIZACIÓN DE ESTADO: @husbandrevolution He sido liberado del pecado y he llegado a ser un esclavo de la rectitud. #HusbandAfterGod

PREGUNTAS DEL DIARIO:
¿Cuáles son algunas de las razones por las que te escondes de Dios o de tu esposa?

¿Por qué es más fácil esconderse que decir la verdad?

¿De qué manera has influido en tu esposa hacia la rectitud o el pecado?

PERMANECE EN DIOS

Juan 15; Santiago 4.7; 2 Juan 1.9; Gálatas 2.20;
Juan 10.28, 29; Juan 8.31; Juan 1.1; Gálatas 5.22, 23;
Salmos 34.8; Hebreos 12.6; Santiago 4.8

El destello de las luces del auto llamó la atención de una madre y un padre que charlaban con otra pareja al frente de su casa. Su pequeño hijo había estado jugando a su lado. Sin embargo, en el momento en que las luces doblaron por la esquina, el pánico se encendió en sus corazones. El padre le dijo inmediatamente a su hijo, «¡Detente!». Los dedos de los pies del niño se curvaron sobre el borde de la acera, apoyando su cuerpo para recobrar el control, su cabeza ligeramente girada sobre su hombro para reconocer a su padre.

El padre ordenó a su hijo que fuera hacia él, y el niño obedeció inmediatamente. «Hijo, bien hecho que te hayas detenido cuando papá te lo dijo. Bien hecho que hayas escuchado mi voz. Te pedí que te detuvieras porque te dirigías hacia la calle y eso es peligroso porque los autos pasan por allí. Nunca debes jugar en la calle. ¿De acuerdo?». El padre abrazó fuertemente a su hijo y le susurró al oído, «Te amo». El corazón del padre latía con el miedo de que su hijo fuera lastimado por el automóvil que pasaba. El alivio llegó rápidamente. El hijo siguió jugando con seguridad, ahora más cerca de sus padres.

El hijo amó y obedeció a su padre porque su padre lo amó primero. El amor del padre construyó una base de confianza y respeto en su relación. El entrenamiento y la disciplina para enseñar al niño a escuchar la voz del padre y a obedecer de inmediato valió la pena la energía y el esfuerzo ejercidos. Esto salvó la vida del niño.

Eres un hijo de Dios, y Él es tu Padre Celestial. Mientras permanezcas en Dios, serás entrenado y disciplinado por el Padre, un proceso de transformación que hará crecer tu carácter. Permanecer significa aceptar los caminos de Dios sin objeción, ser fiel y sumiso a Él y mantenerte en íntima comunión con Él. Permanecer en Dios significa que pasas mucho tiempo estudiando Su Palabra, porque la Palabra es Dios. Permanecer en Dios significa que te mantienes fiel y firme, sin importar las circunstancias que enfrentes en esta vida. Dios es tu refugio y tu fortaleza. Cuando permaneces en Dios, entregas tu corazón a Él, le das tu vida a Él, confías en Él y le obedeces, una respuesta de amor por ese amor que Él ha derramado por ti.

La obediencia es la prueba de que estás perdurando. La obediencia es la forma en que vives tu vida de acuerdo con la voluntad de Dios. La obediencia es elegir vivir los caminos de Dios. Una prueba adicional es la evidencia de que tu carácter produce fecundidad.

Tú, tu esposa y tus hijos se beneficiarán de tus resultados. Como esposo en busca de Dios, tu fecundidad proveerá un ambiente de paz y santidad en tu hogar. Como un hombre que permanece en Dios, fiel para guiar a tu familia espiritualmente, tu fecundidad le permitirá a tu familia experimentar la bondad del Señor.

Permanecer en Dios es donde el entrenamiento pasa a ser un guerrero valiente, un esposo amoroso, y un gran padre. Permanecer en Dios es donde experimentarás una estrecha amistad e intimidad con Dios. Lo conocerás con mayor profundidad a medida que lo busques.

Decide ser un hombre que tenga como objetivo producir fecundidad en tu vida. Cuida tu carácter y el impacto que tiene sobre los demás. Elige ser un hombre que permanece en Dios. Elige ser un hijo que escucha la voz del Padre. La elección es tuya, y está presente cada día mientras consideras cómo pasas tu tiempo. Elige permanecer y sé un testigo de cómo Dios transforma tu vida.

Querido Señor,

Por favor, ayúdame a permanecer en Ti. Ruego que mi corazón sea sensible a Tu Palabra. Pido que mis oídos sean sensibles a Tu voz para oírte cuando me hables. Oro por la sabiduría y el coraje para hacer todo lo que me pides. Espíritu Santo, te ruego que condenes mi corazón cuando peque, y condúceme al arrepentimiento. Pido ser obediente a Tu Palabra y que mi vida produzca fecundidad. Oro para que mientras yo permanezca en Ti, mi esposa tenga también un creciente deseo de permanecer en Ti. Ruego adquirir sabiduría y entender Tu Santa Palabra. Ayúdame a memorizar Tu Palabra y a darme un deseo apasionado de conocerla bien. Te pido que me ayudes a enseñar Tu Palabra a mi esposa y a mi familia. ¡Transfórmanos, Señor! ¡Transforma nuestro matrimonio!

¡En el nombre de Jesús, AMÉN!

Considera tres maneras en que puedas obedecer a Dios y permanecer en Él esta semana y hacer de estas tres maneras tus metas para la semana.

 @husbandrevolution Decido ser un hombre que pretende producir fruto en mi vida y en mi matrimonio al permanecer en Cristo. #HusbandAfterGod

¿Qué se siente al permanecer en Dios todos los días?

¿De qué manera la lectura de la Palabra de Dios ayuda a producir buenos frutos en tu vida?

¿Qué beneficios obtiene tu familia si permaneces en Dios?

LA INTIMIDAD EN EL MATRIMONIO

Colosenses 3.19; Génesis 2.24;
1 Corintios 7.3-5; 1 Juan 4.7, 8

Eres un ser íntimo, concebido para experimentar y mantener relaciones profundamente íntimas. Fuiste creado con la capacidad de escuchar, comunicar, consolar y sentir una amplia gama de emociones. Fuiste creado para las relaciones.

Dios te busca con una invitación a unirte a Él en una relación de amor, y desea que experimentes la riqueza de la intimidad con tu esposa. Tu matrimonio es un símbolo y una representación de la relación íntima entre Jesús y Su esposa, la iglesia, una correlación y un misterio que es increíblemente profundo. Conocer este misterio te ayudará a entender cómo se supone que debes amar a tu esposa. Medita en ello, considera su profundidad, ora para que la comprensión gobierne en tu corazón.

La intimidad es la parte más importante de tu matrimonio. La intimidad con tu esposa es mucho más que el sexo. Aunque el sexo es una parte vital de la intimidad, no lo es todo. La intimidad es donde tú y tu esposa crecen para conocerse más de lo que nunca conocerán a otra persona. Ustedes experimentan juntos lo que significa ser uno. La intimidad es familiarizarse entre sí, lo cual solo ocurre cuando pasan tiempo de calidad el uno con el otro.

Hay tres maneras esenciales de experimentar la intimidad en el matrimonio, todas las cuales son vitales para un matrimonio sano y próspero. La intimidad física, la participación en el afecto físico como tomarse de las manos, besarse, y el sexo, es importante para que tanto el esposo como la esposa se sientan queridos y amados el uno por el otro. La intimidad emocional, como tener una conversación profunda entre sí y validar los sentimientos, es un componente clave para satisfacer la necesidad mutua de seguridad y conexión. La última faceta principal que es crítica para la salud general de tu matrimonio es la intimidad espiritual, incluyendo la lectura de las Escrituras y orar juntos.

Iniciar la intimidad en tus relaciones será desafiante a veces, pero recuerda que fuiste creado para esto. ¡Hazlo simplemente! El propósito de Dios para tu matrimonio es que tú y tu esposa experimenten una relación de amor, buscándose apasionadamente todos los días, donde los altibajos de la vida los acercan a ustedes y ustedes se acercan a Él, un lugar donde la verdadera intimidad prospera.

Similar a tu relación con Dios, cultivar la intimidad en el matrimonio requiere vulnerabilidad. Cuanto más se esfuercen intencionalmente tú y tu esposa para revelarse profundamente el uno al otro, más familiares se harán los dos. Al hacerlo, tu matrimonio será bendecido, y tu base matrimonial se fortalecerá.

La intimidad en el matrimonio es parte del gran designio de Dios. Génesis 2 reconoce que un esposo y una esposa se convierten en una sola carne. Este concepto de unidad fue deliberado y significativo, alentando a los esposos a ser humildes por el bien de los demás y a buscar el beneficio de todos ellos como una sola carne. A medida que tú y tu esposa vivan como una sola carne, la intimidad será experimentada, y el amor será cultivado.

Hay muchas maneras de aumentar la intimidad en el matrimonio y de nutrir la unidad, incluyendo algunas de las siguientes:

- Tener conversaciones honestas y transparentes sobre la fe, la vida y el matrimonio.
- Iniciar la intimidad sexual
- Confesar los pecados
- Orar juntos
- Tener citas nocturnas
- Buscarse apasionadamente el uno al otro
- Hablar de metas y sueños
- Servirse mutuamente
- Bendecirse mutuamente

Construir un matrimonio sano, alegre y centrado en Dios, donde prospera la intimidad, es la única opción para un hombre piadoso, pero se necesita tiempo y energía para lograrlo. Se acumula con el tiempo a medida que se produce confianza, seguridad y fidelidad. Tú eres responsable de cumplir con tu parte y tu esposa es responsable de la suya. Tu matrimonio alcanzará esta plenitud cuando ambos trabajen juntos hacia la unidad. Sin embargo, Dios te llama a permanecer firme al hacer tu parte sin importar si tu esposa está haciendo la suya o no. Deja que el amor te motive y alimente tu corazón para perseverar. Tu matrimonio vale la pena; siempre valdrá la pena.

Querido Señor,

Gracias por la complejidad de Tu Palabra. Gracias por la complejidad de Tu concepción. Saber que Tú me construiste para las relaciones es impresionante y deseo abrazar una relación verdaderamente íntima contigo y con mi esposa. Señor, nos has creado con mucha profundidad. Oro para que, como esposo, aprenda a comprender las complejidades de la intimidad con mi esposa. Dios, sé que el sexo no es la única manera de ser íntimo. Ayúdame a ser íntimo con mi esposa no solo físicamente, sino también emocional, mental y espiritualmente. Pido buscar a mi esposa físicamente haciéndole saber que me siento atraído por ella y que la quiero profundamente. Ayúdame a hacer de nuestro matrimonio un lugar seguro emocionalmente para que ella se sienta libre de invitarme a su corazón y confiar en mí con sus sentimientos. Señor, ayúdame a vivir con mi esposa en la comprensión para poder estimularla mentalmente y mostrarle que quiero conocer su forma de pensar. Por último, Señor, enséñame a conducirnos con mayor profundidad a una relación más íntima contigo. Ayúdame a orar con ella por todo y en todo. Pido leer con ella y a ella y recordarle lo que dice Tu Palabra sobre zonas específicas de nuestras vidas. Señor, déjame ser íntimo con mi esposa en cada nivel.

¡En el nombre de Jesús, AMÉN!

Invita a tu esposa a tener una conversación íntima para discutir cómo pueden llegar a conocerse más el uno al otro. Empieza por compartir con ella algo que no sepa de ti. Nunca descuides la búsqueda de conocer a tu esposa con mayor profundidad.

 @husbandrevolution Construir un matrimonio sano, alegre y centrado en Dios, donde prospere la intimidad, es la única opción para un hombre piadoso. # HusbandAfterGod

¿De qué manera puedes ser más íntimo con tu esposa?

¿Por qué es importante que busques una relación amorosa todos los días con tu esposa?

¿Por qué escuchar y hablar es una parte tan esencial de ser íntimo?

CAMINA EN LA VICTORIA

Gálatas 5.16-26; 1 Juan 3.6; Deuteronomio 20.4;
Romanos 6.6; Romanos 6.11-18; 1 Corintios 15.57;
Romanos 8.31-39; 1 Corintios 10.13; Juan 16.33; Mateo 5.19

Cada día se te dan opciones. Algunas opciones que tomas son pequeñas y aparentemente insignificantes, mientras que otras son claramente cruciales con un impacto que cambia la vida. La verdad es que cada opción que tienes que tomar es valiosa y significativa. Cada elección que se te da debe ser considerada con un corazón que se entrega a Dios. Cada paso que das tiene un efecto en cadena.

Mientras consideras tus pasos, debes reconocer la verdad de que tienes la habilidad de caminar en la victoria debido a la victoria de Cristo. Al permanecer en el Señor, se te concede la libertad del pecado, ya no eres condenado, ya no eres esclavo del pecado.

Aunque tengas la victoria en Cristo, esto no significa que nunca experimentarás la tentación; aun nuestro Señor y Salvador estuvo sujeto a la tentación. Pero con cada tentación que llegue a tu vida tienes una opción;

una opción para ceder o una opción para caminar en la victoria que ya te ha dado Cristo. Dios es tu fuerza, y Él siempre proveerá un camino para salir de la tentación, pero es tu responsabilidad resistir el pecado y estar por encima de todo reproche.

Si estás en Cristo no debes vivir en pecado habitual. Cuando eres salvo por la gracia de Dios y permaneces en Él, tu vida cambia.

Por supuesto, al enemigo no le gusta que creas y confíes en Dios. Te intentará atacar a ti y a tu familia. Te tentará y te impulsará a romper la unidad con Dios y con tu esposa. Tratará de oprimirte para darte por vencido. Te desafiará a creer en las mentiras que tratan de mantenerte enredado en el pecado. Serás tentado a justificar tu pecado.

Debes permanecer fuerte y perseverar en la rectitud. Debes disipar las mentiras que te inducen a creer que tu lucha contra el pecado es parte de lo que eres, que siempre lucharás con él o que puedes vencerlo por tu cuenta. Toma el ejemplo de Jesús, quien cuando fue tentado, conquistó la tentación conociendo y proclamando las Escrituras.

¡Camina en la victoria! La muerte y el pecado han sido derrotados por medio de Jesucristo. Tú obtienes la victoria por medio de Él, ¡y tienes libertad del pecado!

Ya no eres esclavo del pecado; más bien eres esclavo de la rectitud. Debes hablar esto diariamente en tu vida, recordándote que tienes la victoria en Cristo.

El pecado no solo te sucede a ti. ¡El pecado es siempre una decisión, así que escoge hoy la rectitud!

Querido Señor,

Gracias por la obra completa y redentora de Tu Hijo Jesucristo. Sin Su sacrificio y resurrección, yo estaría muerto todavía en mi pecado y sería esclavo de las tentaciones. Señor, he sido liberado de los lazos del pecado por Ti y ahora puedo caminar en completa libertad. Oro para caminar todos los días en esta victoria. Sé que, aunque no sea esclavo del pecado, aún tengo la capacidad de elegir pecar, y reconozco que el pecado no es algo que me suceda solo a mí. Espíritu Santo, recuérdame decirle no al pecado y sí a la justicia. Pido ofrecerte mi cuerpo a diario para ser usado como un instrumento de justicia. Oro para estar plenamente convencido de que soy más que vencedor a través de Tu poder que vive en mí. Gracias Señor, por el regalo de la libertad. Ruego para nunca darlo por sentado.

¡En el nombre de Jesús, AMÉN!

Busca algunas Escrituras que puedas memorizar y utilizar para combatir las tentaciones cuando lleguen. Por ejemplo, lee Romanos 6.6.

ACTUALIZACIÓN DE ESTADO: @husbandrevolution ¡Camina en la victoria! La muerte y el pecado han sido derrotados por medio de Jesucristo. #HusbandAfterGod

PREGUNTAS DEL DIARIO:
¿Qué te impide creer que puedes caminar en una victoria verdadera y libre de pecado?

¿Qué pecado, si alguno, has tenido más dificultades para derrotar?

¿Cómo puedes ser fortalecido para resistir las tentaciones para pecar?

LA REVOLUCIÓN DEL ESPOSO

Mateo 26.36-44

Se sentó en la iglesia con la cabeza entre las manos, frustrado y abrumado por el estado de su matrimonio. Deseaba que se cumpliera, pero parecía que nada iba a arreglar los problemas entre él y su esposa.

Mientras el hombre luchaba en medio de la desesperación, Dios recalcó en su corazón que recordara la historia de Jesús orando en el jardín. Pocas horas antes de que fuera clavado en la cruz, Jesús luchó con las circunstancias disponibles.

Tres veces clamó Jesús a Dios: «Si es posible, pase de mí esta copa...» y tres veces siguió Él con esta oración: «Pero no sea como yo quiero, sino como tú». Jesús se entregó a la voluntad de Dios, motivado por el amor incondicional por Su esposa y la obediencia a su Padre en el cielo.

El hombre, luchando por entender su circunstancia matrimonial, vio la última imagen del matrimonio exhibida a través de Cristo. Independientemente de si la gente recibía el sacrificio de Jesús y creía en Él, fue a la cruz de todos modos. Su amor era incondicional, y Su amor hizo posible experimentar la intimidad con Dios.

El corazón del hombre comenzó a cambiar y a ablandarse. Se dio cuenta de que su propósito como esposo era amar a su esposa como Cristo, incondicionalmente. Sin importar si su esposa recibía su amor, sin importar si sus problemas matrimoniales eran solucionados, sin importar si su matrimonio cumpliría o no con todas sus expectativas, fue llamado a amar a su esposa a través de todo.

El esposo fue a ver a su esposa y se disculpó con ella por no amarla y quererla como debería haber estado haciendo todo el tiempo. Le explicó que las expectativas insatisfechas lo paralizaron y lo dejaron frustrado y amargo. Compartió con ella la revelación que tenía acerca de Cristo orando en el jardín, de cómo se entregó a Sí mismo a través del poder del amor incondicional para llevar a cabo la voluntad de Dios y de cómo esta era una representación del matrimonio.

Levantando las manos para sostener el rostro de su esposa, la abrazó suavemente y luego prometió amarla como a Cristo, mientras ambos vivieran.

La Revolución del Esposo comenzó en el corazón de Cristo. La revolución es un movimiento para vivir de un modo diferente al del mundo y abrazar la voluntad divina de Dios. La revolución del esposo para cada hombre comienza con aceptar la verdad de esta revelación acerca de Cristo en el jardín.

Ser un esposo en busca de Dios requiere que permanezcas en Dios para que tu carácter sea transformado para ser como el Suyo. La Revolución del Esposo es un compromiso apasionado de cuidar a tu esposa y amarla incondicionalmente. Requiere que la guíes sirviéndole, tal como Jesús vino a servir.

La Revolución del Esposo es un llamado a todos los hombres para levantarse y ser hombres de la Palabra, hombres que sean fieles a Dios y fieles a sus esposas, hombres que luchen la buena batalla con valentía y sabiduría. Cambiando así el mundo para mejor, una verdadera victoria que solo viene a través de Cristo.

Eres un hombre, creado a imagen de Dios. Has sido preparado para caminar en la rectitud. Tienes un propósito y una influencia inconmensurable en el crecimiento espiritual de tu esposa e hijos.

¡Levántate y únete a la revolución!

Sé bendecido, sé afirmado y sé honrado mientras persigues tu papel como un esposo en busca de Dios.

Querido Señor,

Gracias por enviar a Tu Hijo a la cruz para mi salvación y libertad. Gracias por mostrarme gracia y misericordia. Señor, eres digno de toda alabanza, y deseo conocerte más. Pido comenzar una revolución en mi matrimonio. Pido que mi corazón sea revivido y rejuvenecido. Caminaré en integridad y rectitud. Defenderé a mi esposa. Lucharé contra mi verdadero enemigo y no contra mi esposa. Correré hacia Ti cuando esté débil. Huiré de la tentación cuando llegue. Perdonaré. Me arrepentiré. Te mantendré en el centro de mi matrimonio. Cambia mi mente y corazón y hazme más como Tú. Enséñame a amar como Tú, a servir como Tú y a caminar como Tú. Mi matrimonio ya no será el mismo porque me someto a Tu voluntad.

¡En el nombre de Jesús, AMÉN!

Acude a tu mujer y dile que te comprometes a amarla incondicionalmente y que guiarás a tu familia por la gracia y la Palabra de Dios. Dile que deseas amarla como Cristo ama a Su iglesia.

ACTUALIZACIÓN DE ESTADO: @husbandrevolution La Revolución del Esposo es un llamado para que los hombres se alcen y sean hombres de la Palabra, que sean fieles y amen como Cristo. #HusbandAfterGod

PREGUNTAS DEL DIARIO:

¿Por qué la revelación de Jesús en el jardín es un mensaje poderoso de entender?

¿De qué manera permanecer en Dios te ayuda a amar a tu esposa?

¿Qué pasos darás para guiar a tu esposa y a tu familia según los caminos de Dios?

Made in United States
Orlando, FL
27 August 2025